Jutta Glockauer • Bielefelder Spaziergänge

Jutta Glockauer

Bielefelder Spaziergänge

Gedanken zur Heimat

BUCH
WERK
STATT
BERLIN

FSC
www.fsc.org
MIX
Papier aus verantwortungsvollen Quellen
Paper from responsible sources
FSC® C105338

Bibliografische Information der Deutschen Nationalbibliothek
Die Deutsche Nationalbibliothek verzeichnet diese Publikation in der Deutschen Nationalbibliografie; detaillierte bibliografische Daten sind im Internet über http://dnb.d-nb.de abrufbar.

BuchWerkstatt Berlin
Eine Marke der Dr. Johann-Friedrich Huffmann Publikationsberatung
Telefon: 0 30 / 99 25 60 33
www.buchwerkstatt-berlin.de
Fotos Innenteil und Umschlag: Archiv der Autorin
Umschlaggestaltung: Ute Spebam
1. Auflage 2015
ISBN 978-3-940281-64-7

Inhalt

Einführung 7

Der Wald und die Cherusker 13

Von Burgen, Grafen, Herzögen, Raubrittern und dem Großen Kurfürsten 18

Schildesche 29

Kirchdornberg 33

Osterspaziergang 36

Die Meierhöfe 38

Eine „Fata Morgana“ und andere „Wassergeschichten“ 41

Die Senne 45

Bielefelder Leinen 49

Der Schmied von Bielefeld 58

Der Bartholdskrug 61

Der goldene Hund 64

Ein Dorf namens Hepyn 66

Die sagenhafte Lauseeiche 69

Allerlei Militärisches 74

Gartenzauber	79
Klöster in Bielefeld	83
Memento Mori	85
Bethel – das Haus Gottes	89
Quirkendorp	95
Lebendiges Brauchtum	99
Kulinarisches	102
Gruselgeschichten	106
Wandern in Bielefeld	109
Literatur	115

Einführung

Kommt man als Fremder, dann erscheint einem Bielefeld als eine helle, saubere Stadt mit freundlichen, aber zurückhaltenden Menschen. Jeder geht seinen Geschäften nach, niemand biedert sich an, kaum jemand stellt einem neugierige Fragen. Als Neubürger fühlt man sich anfangs hier also ziemlich alleingelassen. Die Stadt erzieht zur Selbständigkeit. Doch hat man erst einmal Kontakt gesucht zu den Eingesessenen, dann wird man bald angenommen und einbezogen. Es gibt keine dunklen Intrigen, böswilligen Hemmnisse, religiösen Vorurteile, keiner legt einem Steine in den Weg.

Mit Fremden und im Geschäftsleben sprechen die Bielefelder ein nahezu akzentfreies Hochdeutsch. Aber wer eine liebe „Omma" als Nachbarin hat oder in den ländlichen Stadtbezirken wohnt, der lernt ganz schnell das „Bielefelder Messingsch" mit all den schönen Wörtern, die einem unentbehrlich werden, wie „Pömpel" oder „Pampe" oder „Pinörkel" oder „Puschen". Hat man dieses Stadium erreicht, dann ist man, ohne es zu merken, ein Teil dieser Stadt geworden, man fühlt als Bielefelder!

Fragt man nun einen Einheimischen, wie er seine Stadt findet, so wartet man vergeblich auf überschwengliche Lobgesänge. Das liegt ihm nicht, entspricht nicht seiner zurückhaltenden Natur. Ja, „Bielefeld habe eine schöne Umgebung", heißt es da, aber die Innenstadt sei doch „die freundliche Baustelle am Teutoburger Wald". Die Autofahrer schimpfen, weil Parkplätze dort knapp sind und überall gebuddelt wird: U-Bahn-Bau, neues

Bielefeld vom Sparrenberg aus: Im Vordergrund die um 1293 entstandene „Neustadt“ mit der Marienkirche, in der sich die Grabstätten der Grafen von Ravensberg befinden.

Kongreßzentrum vor dem Hauptbahnhof, neue Einkaufszentren usw. Ein Fremder muß also den Eindruck gewinnen, Bielefeld sei keine schöne Stadt, hier sei nicht allzu viel los.

An nichts gewöhnt der Mensch sich schneller als an Annehmlichkeiten aller Art. Sie werden bald zu Selbstverständlichkeiten, die man gar nicht mehr besonders wahrnimmt. So sollte man den Bielefeldern doch einmal vor Augen führen, wie reizvoll ihre Stadt ist und was für Vorzüge sie bereithält für den, der offenen Sinnes Gebrauch davon machen möchte.

Leider hat der Krieg die Stadt schwer verwundet. Als ich 1950 nach Bielefeld kam, freuten wir uns über jeden Neubau, den wir als Wiedergeburt empfanden, ein Gefühl, das uns heute etwas abhanden gekommen ist. Viele schöne alte Bürgerhäuser sind verlorengegangen und durch Zweckbauten ersetzt worden. Glücklicherweise widmet man sich jetzt wieder mit Liebe der Erhaltung der noch vorhandenen Zeugnisse der Vergangenheit. Dazu gehört aber auch das Wissen um die geschichtlichen Zusammenhänge.

Bielefeld ist eine Kulturstadt, mit Kunstschätzen in Kirchen und Museen, eine Musikstadt mit einem breitgefächerten Angebot an Konzertveranstaltungen, angefangen mit den Bielefelder Philharmonikern über die Meisterkonzerte in der bei Fachleuten weltberühmten Oetkerhalle, mit Kirchenmusik oder Folklore, mit vielen guten Chören, z. B. dem Bielefelder Kinderchor. Die Theater bieten alle Sparten, Oper, Operette, Musical, Schauspiel, Ballett. Bielefeld ist eine Stadt der Feste: Leinewebermarkt und Sparrenburgfest, Theatermarkt, Stadtteilfeste in allen Bezirken. Wer Lust hat, kann jeden Tag ein

Der Alte Markt, seit der Stadtgründung Zentrum des Handels in Bielefeld.

anderes Fest besuchen, die Kette der Vereinsfeste, Schützenfeste, Feuerwehrbälle, Sportfeste und bunten Märkte reißt nicht ab.

Bielefeld ist eine Schulstadt, die für den, der lernen möchte, die ganze Palette der Ausbildungs- und Weiterbildungsmöglichkeiten bereithält: Universität und drei Hochschulen, Fachschulen, Gymnasien, Schulen für Behinderte, Kunst-, Musik-, Tanz-, Sprach- und Sportschulen, Tages- und Abendschulen, staatliche und private Schulen.

Zuallererst ist Bielefeld aber eine Handelsstadt. Als solche wurde sie um 1214 von den Grafen von Ravensberg auch gegründet. Ein gesunder Erwerbssinn und Gewerbefleiß liegt den Bielefeldern also seit über 770 Jahren im Blut. Tüchtige Kaufleute und Unternehmer haben im 19. Jahrhundert den Mut gehabt, frühzeitig in eine vielseitige industrielle Entwicklung zu investieren, die sehr zum Wohlstand unserer Stadt beigetragen hat. Neben der bodenständigen Textilindustrie, die aus dem Leinenhandwerk hervorgegangen ist, gibt es eine Vielzahl von Industriesparten, wie alle Arten von Maschinen- und Werkzeugbau, Nähmaschinen, Fahrräder, Papier- und Druckerzeugnisse, Lebensmittel, chemische Industrie, um nur einige Branchen zu nennen.

Die große Weltgeschichte ist auch an Bielefeld niemals spurlos vorbeigegangen, und Kriege, Seuchen und Hungersnöte haben den Menschen schwere Zeiten beschert, doch das alles hat die Stadt nie ganz zerstören können. Das liegt zum einen an des Geschickes Mächten, zum anderen aber an den Bielefeldern selber, die immer einen kühlen Kopf bewahrten und sich heraushielten aus Zunftskämpfen und Religionskriegen wie in Osnabrück, Paderborn, Soest oder Münster oder aus dem mittelalterlichen Hexenwahn wie in Lemgo, Herford oder Minden.

Bielefeld scheint also eine recht nüchterne Stadt zu sein. Geht man aber den alten Geschichten nach, stöbert in Sagen und „Dönekes", findet man doch viel Romantisches, Idyllisches, Liebenswertes, und davon soll in diesem Buch die Rede sein.

Der Wald und die Cherusker

Bielefeld ist eine grüne Stadt, das ist oft eine Überraschung für den, der eine graue Industriestadt erwartet hat. Der bewaldete Höhenzug, der Bielefelds Landschaftsbild prägt, ist der Osning, am Nordostrand der Münsterschen Bucht, 100 Kilometer lang, sieben bis 15 Kilometer breit. Seine höchste Erhebung ist die Velmerstot (468 Meter), im südöstlichen Lipperland gelegen. Nach Nordwesten hin wird die Hügelkette flacher. Die Hügel im Bielefelder Stadtgebiet sind rund 300 Meter hoch.

Tacitus berichtet von der Varusschlacht, die am „Saltus Teutoburgiensis" stattgefunden hat. Seit Melanchthon (16. Jahrhundert) hielt man unseren Osning für den Teutoburger Wald, und dieser Name hat sich seitdem eingebürgert, obwohl die Spekulationen um die Schauplätze der berühmten Schlacht bis heute nicht zur Ruhe gekommen sind. Doch keine der inzwischen nahezu 700 Theorien konnte wirklich zweifelsfrei belegt werden. Die Wahrscheinlichkeit, daß jene Schlacht in der Nähe „unseres" Teutoburger Waldes stattgefunden hat, ist nach wie vor die größte.

Wer war dieser Armin, fälschlich auch Hermann genannt, der den Teutoburger Wald berühmt gemacht hat? Er ist 18 oder 16 vor Christus geboren und wurde 19 oder 21 nach Christus, auf dem Höhepunkt seines Erfolges, von Verwandten ermordet. Er gehörte zum germanischen Stamm der Cherusker und war, zusammen mit seinem Bruder Flavus, als Führer germa-

Blick von der Sparrenburg in den sogenannten „Bielefelder Paß“, der hier den Höhenzug des Osning unterbricht.

nischer Truppen in römischen Diensten. Er erhielt römisches Bürgerrecht und die Ritterwürde. 7 nach Christus kehrte er in seine germanische Heimat zurück. Der römische Statthalter Quintilius Varus hatte hier seine Machtstellung offenbar so zu seinem Vorteil ausgenutzt, daß selbst Römerfreunde gegen ihn aufgebracht waren. So organisierte Arminius die Erhebung der Cherusker und benachbarter germanischer Stämme gegen die römische Besatzung. 9 nach Christus besiegten diese Germanen drei unter dem Befehl des Varus stehende Legionen (ca. 20 000 Mann), die auf dem Marsch von der Weser zu den Winterlagern am Rhein unterwegs waren. Man lockte sie in unwegsames Wald- und Sumpfgelände und überfiel sie heimtückisch. Drei Tage soll dieser Kampf gedauert haben. Varus und sein Stab versuchten zu fliehen, gaben das hoffnungslose Unterfangen aber auf. Der Feldherr stürzte sich in sein eigenes Schwert.

In Rom schlug die Nachricht von der verlorenen Schlacht wie eine Bombe ein. „Varus, gib mir meine Legionen wieder", soll Kaiser Augustus ausgerufen haben. Er fürchtete vor allem, daß der Funke der Rebellion auf andere römische Provinzen überspringen könnte. So versuchten die Römer in weiteren Feldzügen unter Germanicus (14 bis 16 nach Christus), das verlorene Terrain zurückzugewinnen und die Scharte wieder auszuwetzen. In diesen Feldzügen war Armin zwar nicht immer siegreich, aber taktisch war er letzten Endes den Römern überlegen. Er hatte sein Handwerk schließlich bei ihnen gut gelernt. So wurde Germanicus von dem jetzt herrschenden Kaiser Tiberius nach Rom zurückbeordert, der auf eine Wiedereroberung

Germaniens verzichtete und die germanischen Stämme ihren eigenen Zwistigkeiten überließ.

Es bildeten sich zwei feindliche germanische Bünde, der eine unter Armin, der andere unter Marbod, dem römerfreundlichen König der Markomannen. 17 n. Chr. kam es zum Krieg. Verschiedene Stämme, so Langobarden und Semnonen, schlossen sich Armin an. Marbod wurde geschlagen, 19 n. Chr. gestürzt und floh zu den Römern. Doch Armin, der nun freie Hand hatte, wurde von seinen Verwandten ermordet.

Tragisch ist auch das Geschick seiner Frau Thusnelda, der Tochter des römerfreundlichen Cheruskerfürsten Segestes. Der Schwiegervater war mit dieser ca. 14 n. Chr. geschlossenen Verbindung nicht einverstanden. Ein Jahr später lieferte er seine schwangere Tochter den Römern aus. Die Römer versuchten, ihre Niederlage bei den Germanen in Rom zu bemänteln. So organisierten sie zur Rückkehr des Germanicus einen prächtigen Triumphzug. Hauptattraktion war die Vorführung der Thusnelda, die in der Gefangenschaft einen Sohn namens Thumelicus geboren hatte. Indem man die beiden durch Roms Straßen führte und den sensationslüsternen Blicken des Volkes preisgab, versuchte man, den Römern dies als Siegeszeichen darzustellen. Was das Volk nicht wußte, war, daß Thusnelda durch Verrat und Hinterlist des eigenen Vaters in die Hand der Römer gefallen war.

Der Stern der römischen Macht war damals bereits im Sinken begriffen. Reichtum, Wohlleben, Vergnügungssucht führten zur Verweichlichung des römischen Volkes. So war es das Anliegen des Tacitus, den Römern die Germanen als Vorbilder zu präsentieren, indem er sie in seinen Annalen geradezu idealisierte. Er nannte Armin den Befreier Germaniens, was er damals wohl auch war. Tatsächlich blieb unsere Gegend fortan ohne römische Besetzung. Doch können bei einem Menschen meiner Generation die Umstände der Varusschlacht nicht mehr jene Begeisterung auslösen, die unsere Vorfahren vor etwa hundert Jahren noch beseelt haben muß, als auf der Grotenburg bei Detmold 1875 das von Ernst von Bändel in 37jähriger Arbeit geschaffene Hermannsdenkmal eingeweiht wurde.

Von Burgen, Grafen, Herzögen, Raubrittern und dem Großen Kurfürsten

Bielefeld verdankt seine Entwicklung der günstigen geographischen Lage an einem Einschnitt in den Höhenzügen des Osning, durch den von alters her Handelswege in alle Himmelsrichtungen führten. Die Sage berichtet von den letzten Riesen in dieser Gegend, die allerhand Unfug trieben. Der eine hauste auf dem Ravensberg, der andere auf dem Sparrenberg. Zum Spaß warfen sie sich Felsbrocken zu und fingen sie auf wie Bälle. Einmal soll ein mächtiger Brocken zu Boden gefallen sein und ein tiefes Loch in die Erde gerissen haben. So sei der Bielefelder Paß entstanden.

Die Entstehungsgeschichte von Bielefeld beginnt auf alle Fälle mit der Ravensburg, die außerhalb des jetzigen Stadtgebietes im nordwestlichen Teutoburger Wald liegt. Hermann II. von Calvelage ließ hier Ende des 11. Jahrhunderts eine schlichte romanische Burg errichten, die Stammburg der Grafen von Ravensberg. Heute sind von ihr nur noch der Turm und Mauerreste übrig. Auf dieser Burg wurde um das Jahr 1214 von dem Grafen Hermann IV. von Ravensberg die Gründung einer Handelsstadt geplant. Als Standort wählte man einen Flecken „im Bilivelde", auf dem es schon eine kleine Siedlung gab, die

Der Waldhof gehörte zu den Höfen, die Tiedi der Paderborner Kirche vermachte. Hier befand sich also die erste vorstädtische Siedlung „im Bilifelde“. Im Mittelalter besaß der Waldhof besondere Rechte. Hier konnten Menschen Zuflucht vor gerichtlicher Verfolgung finden. Der heutige Bau stammt von ca. 1600 (jetzt Kulturhistorisches Museum)

auf dem Gelände des heutigen Waldhofes gelegen haben muß. Nach den Zerstörungen des Zweiten Weltkrieges stieß man hier auf einige Hausfundamente aus der Zeit um das Jahr 1000.

In der Lebensbeschreibung des Paderborner Bischofs Meinwerk, der von 1009 bis 1036 regiert hat, taucht der Name „Bilivelde" zum ersten Male auf. Die Übersetzung des lateinischen Textes lautet: „Ein Mann namens Tiedi besaß 70 Äcker im Bielefelde als erbliches Eigentum. Diese Äcker übertrug er zusammen mit zwei Hausplätzen unter Zustimmung und mit Willen seiner Mutter Wilburga in das Eigentum der Paderborner Kirche. Der Bischof aber nahm jenen Tiedi als Gegenleistung für die Übertragung unter seinen Schutz und sorgte für seinen Lebensunterhalt, und er verpflichtete sich, dessen Mutter jährlich ein Wollkleid, ein Hemd, einen Schinken, einen Malter Käse, sieben Malter Getreide, dreißig Scheffel Gerste und jedes vierte Jahr zum Fest des heiligen Andreas ein Schafsfell zu geben. Geschehen in Gegenwart der Grafen Amulung und Ekkica und vieler anderer Leute."

Zur Gründung der Stadt Bielefeld ist noch ein Kuriosum anzumerken: 1293, also 79 Jahre nach der ersten urkundlichen Erwähnung der Stadt, taucht erstmals der Begriff „Neustadt" auf, als Graf Otto III. und seine Gemahlin Hedwig vom Paderborner Bischof die Zustimmung erhielten, an der „Pfarrkirche in der Neustadt" ein Kanonikerstift einzurichten. Um dieses Stift herum entstand eine zweite Stadt mit Markt, eigenem Rathaus, Adelshöfen und eigener Stadtmauer, die die Neustadt von der Altstadt abgrenzte. Grund für diese Trennung war die Tatsache, daß rings um den Papenmarkt Stiftsimmunität bestand, das

Die 1240 bis 1250 von Graf Ludwig von Ravensberg erbaute Burg Sparrenberg

Bielefelder Stadtrecht hier also nicht galt. Auch die Adelshöfe an der heutigen Kreuzstraße waren davon ausgenommen. Dieser Zustand hielt sich rund 230 Jahre lang, bis endlich 1520 die Vereinigung der beiden „Städte" erfolgte.

30 Jahre nach der Stadtgründung, zwischen 1240 und 1250, ließ Graf Ludwig von Ravensberg dann auf dem Hügel über der neuen Stadt zu deren Schutz die Burg Sparrenberg erbauen. Ursprünglich war das eine einfache Anlage mit Vor- und Hauptburg, zinnenbesetzter Ringmauer, Halsgraben und Zugbrücke. In den folgenden Jahrhunderten wurde sie ausgebaut und befestigt.

1346 war das Geschlecht derer von Ravensberg erloschen. Die Burg kam auf dem Erbwege an die Herzöge von Jülich und Kleve. Einer ihrer Statthalter war der Graf Phillip von Waldeck, der hier in Bielefeld über 30 Jahre lang „mit starker Hingabe" sein Amt versah. In dieser Zeit – um 1490 – herrschte auf der Sparrenburg geradezu höfisches Leben. Zur Burg gehörten eine im Tal liegende Landwirtschaft mit 60 Kühen und 100 Schweinen sowie ein Gesinde von 30 Leuten. Außerdem lebten in der damals noch nicht ausgebauten Burg Offiziere und Amtsschreiber, so daß dort oben ein ziemliches Gedränge geherrscht haben muß.

Ein Zeitgenosse des Grafen Phillip war der wohlbekannte Götz von Berlichingen, „Ritter mit der eisernen Hand", von Goethe als biederer Streiter für Recht und Gerechtigkeit im Lande dargestellt. Dabei ging es in Wirklichkeit nicht immer so zu, wie es unserem heutigen Rechtsempfinden entspricht. Götz von Berlichingen wurde 1480 in Jagsthausen bei Heilbronn geboren, und in seinen Alterstagen konnte er auf „60 Jahre Krieg und kleine Reiterei“ zurückblicken. Diese „kleine Reiterei“ war im Mittelalter an der Tagesordnung als seit Jahrhunderten anerkanntes „Fehderecht“ der Ritter. In Zeiten, in denen die Ritter nicht an kriegerischen Auseinandersetzungen beteiligt waren, widmeten sie sich der „kleinen Reiterei“, um ihre Lebenshaltung zu bestreiten. Damit alles seine Ordnung hatte, mußte dem Gegner ein Fehdebrief überbracht werden. Hatte man selbst keine Händel mit jemandem zu bereinigen, so ergriff man auch gern einmal die Partei von anderen, eventuell Schwächeren, wenn die Sache lohnend erschien. Man brach also Fehden vom Zaun, um dann dem Gegner rücksichtslos zu Leibe rücken zu können mit Einbrüchen in seine Besitzungen, Plündern, Sengen, Brennen. Das Reich stand diesen Fehderittern ohnmächtig gegenüber.

Als Götz von Berlichingen 36 Jahre alt war, lag er in heftiger Fehde mit dem Erzbischof von Mainz. Außerdem wollte er gern die Burg Hornberg am Neckar erwerben zur Sicherung seines späteren Lebens. So nutzte er die Fehde mit den Mainzern, um kurmainzische Kaufleute zu überfallen und Beute zu machen.

Der Statthalter der Sparrenburg, Graf Phillip von Waldeck, ein besonnener und damals bereits älterer Mann, war auch verärgert über die Raubzüge des Götz, zumal dieser auch Waldecksches Gebiet betreten hatte. Er erklärte sich mit dem Erzbischof von Mainz solidarisch und ließ Götz wissen, daß er ihn zum Feind hätte. Dem Götz kam gerade das sehr gelegen. Er schrieb in seinen Memoiren: „Das war nun redlich von ihm, denn hätte er es nicht getan, so wäre es mein Nachteil gewesen,

Ritterspiele beim Sparrenburgfest

und ich hätte gar nicht gewußt, daß er mainzisch gesinnt war; ja ich wüßte es bis auf den heutigen Tag nicht und hätte nicht gedacht, einen solchen Fang tun zu können." Als Graf Phillip eines Tages von seinen Besitzungen in Wildungen die Heimreise zur Sparrenburg antrat, wurde er an einem Frühlingsabend des Jahres 1516 von Götz von Berlichingen und seinen Spießgesellen kurz vor den Toren des Klosters Dahlheim, etwa drei Wegstunden von Paderborn entfernt, überfallen. Götz gab sich ihm mit den Worten zu erkennen: „Wollten Gräfliche Gnaden in Person vermelden, daß Sie mein Feind zu sein geruhten?"

Mitten durch Waldecksches Gebiet wird Phillip nun entführt, Gefangener auf eigenem Grund und Boden! Geplant ist, ihn in irgendein fränkisches oder böhmisches Verlies zu bringen. Inzwischen übermittelt man seinem Sohn eine stattliche Lösegeldforderung: rund 8000 Gulden, nach heutiger Kaufkraft etwa 500 000 Mark wert. Keine leichte Sache für Verwandte und Freunde, dieses Geld aufzutreiben. Erst als Graf Waldecks Schwager, Graf Phillip zu Solms, eine Bürgschaft zur Zahlung des Lösegeldes übernimmt, läßt man Phillip von Waldeck frei. Am Weihnachtsabend des Jahres 1516 kehrt er endlich heim auf die Sparrenburg.

Nun beginnt für ihn das Problem der Lösegeldbeschaffung. Leider reagierte der Erzbischof von Mainz, um den es ja eigentlich ging, zuerst recht unwillig, als er sein Scherflein beisteuern sollte, doch schließlich gab er dann etwas dazu. Graf Waldeck mußte Besitzungen verkaufen, und endlich, im Herbst 1517, wurde Götz von Berlichingen das gesamte Lösegeld übergeben. Er konnte sich ins eiserne Fäustchen lachen, Burg Hornberg

kaufen und mag wohl gedacht haben: „Ihr alle könnt mich mal …“

Zurück zu unserer Sparrenburg. Ihr war ein wechselvolles Geschick beschieden. 1240 bis 1250 als einfache Burg errichtet, erhielt sie 300 Jahre später ihre typische und in der Burgengeschichte einmalige Gestalt und ist eine der größten deutschen Burganlagen. Man hatte inzwischen das Schießpulver erfunden und mußte die Burg den neuen strategischen Erfordernissen anpassen. So beschloß 1535 der Landesherr Johann III. von Jülich und Kleve „befestigen und bou des Schloß Sparrenberg“ und damit eine erhebliche Vergrößerung der Anlage. 1540 entstanden die Rondelle, und 1556 plante ein italienischer Festungsbaumeister namens Alessandro Pasqualini noch den „Scherpentiner“ zur Sicherung der Südwestflanke. Der Aus- und Umbau hat über 50 Jahre gedauert und ging zu Lasten der Bielefelder, die Geld und Arbeitskräfte dafür zur Verfügung stellen mußten. 1609 starb der letzte Herzog von Kleve, dessen Familie die Herzöge von Jülich und Berg beerbt hatte. Die Burg wurde nun Schauplatz des Jülich-Klevischen Erbfolgestreites, bei dem die unterschiedlichen Konfessionen der Anwärter eine Rolle spielten.

Dieser Erbfolgestreit war das Vorspiel zum Dreißigjährigen Krieg, der ab 1618 ganz Deutschland und Europa erschütterte. Während des Krieges wechselte mehrfach die Besatzung der Burg. Niederländer und Spanier, Schweden und Franzosen besetzten sie und trugen zum Verfall der Anlagen bei.

1647 wurde der Jülich-Klevische Erbfolgestreit durch den Düsseldorfer Vertrag beendet. Die Brandenburger wurden die neuen Besitzer der Burg, und der Große Kurfürst sorgte für ihren Wiederaufbau, natürlich wieder auf Kosten der Bielefelder. Jetzt begann die große Zeit der Sparrenburg. Sie avancierte zur „Residenz“ und wurde Schauplatz der Weltgeschichte, als 1650 der Große Kurfürst von hier aus seine Eroberungszüge fortsetzte.

1679 wurde die Burg noch einmal von Franzosen belagert, dann versank sie in einen Dornröschenschlaf, diente verschiedenen Zwecken, war zeitweise Gefängnis, und Friedrich der Große ließ sie 1775 als Steinbruch für seinen Kasernenneubau an der heutigen Hans-Sachs-Straße mißbrauchen.

Den Bielefeldern war die Ruine unheimlich. Sie mieden den Bezirk und erzählten sich Gruselgeschichten von Gefangenen, die einst dort eingekerkert waren. Erst in der Romantik, vor mehr als hundert Jahren, erbarmten sie sich der Ruine, sammelten Spendengelder und kauften sich die Burg 1879 vom Preußischen Staat für 8943 Mark und 90 Pfennige.

Schildesche

Viel älter als Bielefeld, das als Stadt um 1214 erstmals urkundlich erwähnt wurde, sind einige seiner Nachbargemeinden, die heute zur Großstadt gehören, so das Dorf Heepen sowie das altehrwürdige Schildesche. Schon zu Lebzeiten des Sachsenherzogs Wittekind, im 8. Jahrhundert also, hat es hier Siedlungen gegeben, wovon an anderer Stelle noch berichtet wird.

Der Name „Schildesche“ macht neugierig, und tatsächlich gibt es eine Sage von einem „Wunderbaum“, der bei der Einnahme des Landes aufhörte zu grünen und verdorrte. Es wurde geweissagt, daß er wieder Blätter treiben würde, wenn ein König zurückkehren und seinen Schild an den dürren Baum hängen würde.

Diesen sagenhaften Baum gibt es sicherlich nicht mehr. Historiker erklären den Namen denn auch nüchterner: Ein Esch ist eine Art Düne in einem Feuchtgebiet. Auf einem solchen vom Johannisbach umflossenen höher gelegenen schildförmigen Landstück lag der wohl älteste Hof der Gegend, „Schildesche“ genannt, der neben anderen Höfen und Besitzungen der reichen Witwe Marswidis gehörte. Sie war in Herford Klosterschülerin gewesen, und da sie keine Erben hatte, wollte sie ihren Besitz einem frommen Zweck zuführen und gründete hier 939 ein Kloster für adelige Jungfrauen. Sie reiste nach Rom, um für die Klosterkirche eine Reliquie zu erwerben. Um 940 wurde mit dem Bau einer Kirche und eines bescheidenen Klosters begon-

Altschildesche Häuser an der Stiftskirche

nen, das König Otto, später Kaiser Otto der Große, persönlich unter seinen Schutz nahm und die Vogtei mit Privilegien ausstattete. 960 wurde die Kirche vom Paderborner Bischof geweiht. Marswidis starb einige Jahre später und wurde im Kreuzgang beigesetzt.

Das Kloster wurde als Kanonissenstift gegründet. Diese lebten in einer geistlichen Ordnung, aber ohne strenges Gelübde. Sie durften weiter über ihr Vermögen verfügen und eine eigene Dienerschaft halten. Ab Mitte des 13. Jahrhunderts wohnten die Stiftsdamen nicht mehr im Klostergebäude, sondern in eigenen kleinen Häusern, die sich in einem großen Kreise um die Kirchen reihen. Diese städtebauliche Besonderheit hat sich in Schildesche bis heute erhalten und verleiht dem Platz an der Stiftskirche seinen beschaulichen Reiz. Bis 1019 stand das Stift Schildesche reichsunmittelbar unter dem Schutz des Königs, dann wurde es von Heinrich II. an Bischof Meinwerk von Paderborn übergeben. Er und seine Nachfolger ließen es durch Vögte verwalten. Die erste Kirche wurde mehrfach zerstört. Um 1260 entstand dann der heutige gotische Bau, der wertvolle Kunstwerke enthält, vor allem einen wunderschönen Schnitzaltar von 1510 mit Darstellungen aus dem Leben Christi und Johannes des Täufers, des Schutzpatrons des Stiftes Schildesche.

Für mich besonders bemerkenswert ist die religiöse Toleranz, die Bielefeld allgemein auszeichnet, die aber schon im alten Schildesche wirksam war. 1541 wurde das Amt Schildesche reformiert. Die Stiftskirche war ja zugleich Pfarrkirche des um das Stift gewachsenen Dorfes. Probleme in Religionsfragen hat es im Stift erst Anfang des 17. Jahrhunderts gegeben, die zu einem Religionsvertrag von 1672 führten. Es wurden katholische, lutherische und reformierte Stiftsdamen zugelassen, und das Amt der Äbtissin wechselte zwischen den Konfessionen. 1810 wurde das Stift aufgelöst. Das Dorf Schildesche wurde 1930 der Stadt Bielefeld einverleibt, die dadurch zur „Großstadt" wurde.

Kirchdornberg

Der Anblick dieses Dorfes am Nordosthang des Teutoburger Waldes hat mich stets von neuem entzückt, wenn ich nach einem Spaziergang durch den Teutoburger Wald – meist am Tierpark Olderdissen beginnend – beim Schwedenfrieden den Wald verließ und ins Tal hinunterstieg. Mittelpunkt des Dörfchens, das mit der Gebietsreform von 1973 auch zu Bielefeld kam, ist die Peterskirche, vielleicht die älteste Kirche im ganzen ravensbergischen Gebiet. Bei ihrer ersten urkundlichen Erwähnung um das Jahr 1100 herum war sie schon einige hundert Jahre alt, wie alt, weiß niemand mehr.

Hier, in Dornberg, stoßen wir auf Spuren einer anderen berühmten Sagengestalt unserer Heimat: den Sachsenherzog Wittekind. Was wissen wir von ihm? Der Große Brockhaus (1957) zitiert ihn so: „Widukind (althochdeutsch), Wittekind: Führer der Sachsen gegen Karl den Großen, war ein westfälischer Häuptling. Er ging 777, als sich die meisten Sachsen dem fränkischen König unterwarfen, zu den Dänen, kehrte 778 zurück und trat an die Spitze des erbitterten Kampfes der Sachsen gegen Karl. 785 mußte Widukind der Übermacht nachgeben und ließ sich zu Weihnachten in Attigny an der Aisne taufen, Karl selbst war sein Pate. Die geschichtlichen Quellen über Widukind brechen mit seiner Taufe ab (nach der Sage fiel er 807 im Kampf gegen die Schwaben). Mathilde, Gemahlin Heinrichs I., stammt von Widukind ab. Widukinds Gebeine ruhen angeblich in der Pfarrkirche zu Enger."

Die Peterskirche in Kirchdornberg

Soweit das Lexikon. Viel hübscher sind die vielen Sagen, die in unserem Raume noch lebendig sind und nicht vergessen werden sollten. So ist auch die Geschichte Dornbergs sagenhaft. Es heißt, Wittekind wurde von Karl dem Großen auf der Südwestseite des Osning, zwischen Zweischlingen und Vierschlingen, geschlagen. Als er erkannte, daß die Schlacht verloren war, trieb er seine sächsischen Krieger zur Flucht über den Berg nach Dornberg und rief: „Dur dan Biärg!"

Eine andere Sage berichtet von der Peterskirche, deren Ursprung sicherlich bis in die Zeit der ersten Christianisierung, also ins 8. Jahrhundert, zurückgeht: Die Kirche sollte zuerst weiter im Tale – wo heute Großdornberg liegt – gebaut werden. Aber eine weiße Taube kam jeden Morgen auf den Platz der Zimmerleute geflogen, nahm einen Span in den Schnabel, flog damit bergan, legte ihn auf einer Lichtung nieder und setzte sich daneben auf einen mächtigen Dornbusch. Dies wiederholte sie so oft, daß man es für ein Zeichen nahm, die Kirche doch an dieser Stelle zu errichten. Das Dorf, das um die Kirche nun entstand, benannte sich nach jenem Dornbusch.

Graf Welter, der Kanzler Wittekinds, soll die Gebeine des heiligen Oswald aus England geholt und im Gewölbe der Kirche beigesetzt haben. Von diesem Welter, auch Waltger oder Walter genannt, wird noch an anderer Stelle zu berichten sein. Im Dornberger Pfarrhaus gibt es noch eine gemauerte Kammer, das sogenannte „Steinwerk", in dem er seine Kanzlei gehabt haben soll.

Osterspaziergang

Wenn ich an Ostern denke und an die ersten Frühlingstage, so fällt mir dazu immer auch der Hasenpatt ein, jener alte Wanderweg von Schildesche nach Enger, den wir oft um diese Jahreszeit gegangen sind. Er beginnt am Johannisbach bei der Stiftsmühle in Schildesche und führt durch hügeliges Gelände mit Wiesen, Feldern, kleinen Gehölzen, vorbei an schönen Bauernhöfen, über Vilsendorf bis in die alte Wittekindstadt Enger, eine Strecke von ungefähr elf Kilometern. So an die tausend Jahre muß dieser Pfad alt sein, denn nach der Sage soll ihn Wittekind benutzt haben, als er in Enger residierte und in Altenschildesche seine Schwester wohnte. Dort ließ er eine Kirche bauen, und um das Fortschreiten der Bauarbeiten zu beobachten, ging er so oft diesen Weg, daß sich im Volksmund der Spruch erhalten hat: „Dat is de Hasenpad, den König Weking tratt." Zum Namen gibt es zwei Deutungen, die eine besagt, daß Wittekinds Diener Hase geheißen habe, die andere erzählt von einem zahmen Hasen, der den König auf seinem Wege begleitet haben soll.

Im Frühling, wenn's in den Bauerngärten blüht und die Luft noch jene prickelnde Frische hat, ist dieser Weg besonders schön. Wendet man sich zurück, so sieht man die Stadt Bielefeld hingebreitet liegen vor dem Höhenzug des Teutoburger Waldes. Der Weg vermeidet die Nähe von Straßen, und so vergißt man hier die Hektik unserer Tage und fühlt sich eins mit der erwachenden Natur.

HP – Wegezeichen für den zwölfhundertjährigen Hasenpatt von Schildesche nach Enger

Die Meierhöfe

Die großen Höfe rings um den alten Stadtkern von Bielefeld haben es mir besonders angetan. Seit dem 13. Jahrhundert gingen im nordwestdeutschen Raum die Grundherren dazu über, Fronhöfe an die bisherigen Verwalter (Meier, lat. maior, der Größere) zu verpachten, die Grundhörigen freizulassen, mehrere Zinshufen zu größeren Meiergütern zu vereinigen und diese ebenfalls zu freier Zeitpacht an freigelassene Hintersassen zu vergeben. Im 16. Jahrhundert wurde das Meierrecht zu einem erblichen Nutzungsrecht. Im 19. Jahrhundert gingen die Höfe in das Volleigentum der Meier über.

Rings um die Wittekindstadt Enger gibt es heute noch fünf große sogenannte Sattelmeierhöfe. Der Überlieferung nach waren die Sattelmeier treue Gefolgsleute Wittekinds, die ihn auf der Jagd und im Kriege begleiteten. Dabei soll der Meier zu Hiddenhausen an der Spitze des Zuges geritten sein und der zu Hücker am Schluß. Ringstmeier hatte den Marstall unter sich, Ebmeier war Wildmeister und Barmeier beaufsichtigte die Hirten, die Wittekinds Sauherden weiden mußten. Zu ihren Pflichten gehörte auch, dem Landesherrn ein gesatteltes Pferd nebst Reiter zur Verfügung zu halten. Bis in unser Jahrhundert pflegten die Nachkommen dieser Sattelmeier alte Traditionen. Wenn ein Sattelmeier starb, wurde er in der „Königsstunde“ um die Mittagszeit von zwölf bis ein Uhr verläutet. Der Tote wurde mit sechsspännigem Leiterwagen zur Wittekind-Kirche nach Enger gefahren und dreimal um die Kirche getragen. Dann wurde er vor dem Sarkophag des Königs aufgebahrt, so als solle er von seinem König Abschied nehmen. Ein gesatteltes Pferd folgte dem Trauerzug, blickte während der Trauerfeier in die offene Kirchentür und folgte dann dem Sarge bis zum Grabe.

Von Wittekind ist eine Sage überliefert, wonach er seine Meier auf die Probe stellen wollte. Er war bereits betagt, da kam ihm der Gedanke, die Anhänglichkeit und Zuverlässigkeit seiner Gefährten zu prüfen. Zwei verschwiegene Freunde weihte er in seinen Plan ein. Durch sie ließ er verbreiten, daß er gestorben sei, und ließ sein Leichenbegängnis in der Burg in Enger ansetzen. Als alle seine Getreuen sich um den verschlossenen Sarg versammelt hatten, trat Wittekind froh und munter unter sie. Er dankte ihnen für ihre Treue und Zuverlässigkeit und enthob sie auf Lebenszeit ihrer Abgaben. Es waren aber doch nicht alle rechtzeitig zur Trauerfeier gekommen. Einer aus der Gegend von Bünde traf erst ein, als Wittekind die Schenkung bekanntgab. Diesen machte er auch noch zehntfrei, nannte ihn aber „Nalop" (Nachläufer), und dieser Name ist dem Hof bis heute geblieben. Ein anderer aus Pödinghausen, der zwar unterwegs nach Enger war, dann aber umkehrte, als er erfuhr, daß der König noch lebte, wurde nur zur Hälfte zehntfrei. Ein Meier, der sich schon die Schuhe angezogen hatte, mußte sich mit einem zehntfreien Kamp (Feldstück) abfinden, und einer, der sich mit „Holzken" auf den Weg machte, von denen einer unterwegs klappernd auseinanderbrach, bekam den Namen „Klappmann", und sein Hof ging als Klapphof in die Wittekindsage ein.

Eine weitere Sage ist mit dem Hof Meyer zu Müdehorst verbunden. Wittekinds Kanzler Welter, der in Dornberg wohnte, war ein wohlhabender Junggeselle. Nachdem er, wie Wittekind, Christ geworden war, beschloß er, zu Ehren der heiligen Jungfrau Maria ein Nonnenkloster und eine Kirche zu stiften. Auf der Suche nach einem geeigneten Ort hatte er einen Traum, in dem ihm ein weißer Stier mit Lichtern auf dem Gehörn begegnete. Angeregt durch diese Vision, ließ er nach einem solchen Stier suchen, und als man ihn brachte, setzte er ihm geweihte Kerzen auf die Hörner und ließ ihn laufen, indem er gelobte, daß er dort, wo jener Stier zum ersten Male rastete, Kirche und Kloster errichten lassen würde. Von Dornberg machte der Stier sich auf den Weg, doch dauerte es nicht lange, da legte er sich bereits nieder, allerdings nur für kurz, dann lief er weiter bis zu einem Platz, „wo die Aa in die Werre mündet". An diesem Platze gründete man dann das Stift Herford, das erste sächsische Nonnenstift. Jetta, aus dem Stift zu Soissons in Frankreich, möglicherweise eine Schwester Welters, wurde die erste Äbtissin. Das Stift in Herford gelangte später zu hohem Ansehen, so daß die Äbtissin Sitz und Stimme auf den Reichstagen hatte. Welter soll am 16.12.840 gestorben und in der Stiftskirche in Herford beigesetzt worden sein.

Die Stelle aber, bei der der Stier nur kurz gerastet hatte, ein grüner Horst, hieß fortan „Müdehorst"; dort ließ Welter zum Gedenken eine Kapelle errichten, die heute leider nicht mehr vorhanden ist. Die Sattelmeier zu Müdehorst haben seit 832 über Jahrhunderte zur Erinnerung an diese Sage an jedem 10. Dezember dem Kloster in Herford einen fetten Ochsen gestiftet.

Eine „Fata Morgana“ und andere „Wassergeschichten“

Ein großer See für Bielefeld – das war seit langer Zeit der Traum vieler Bürger in dieser „drögen“ Gegend, die nur ein paar Bächlein und Teiche aufzuweisen hat. Am Johannisbach in Schildesche einen Stausee anzulegen, das konnte gehen! Der Plan ist schon recht alt, bereits kurz nach dem Ersten Weltkrieg soll man darüber nachgedacht haben, wie er zu realisieren sei. 1930 wurde Schildesche in die Großstadt eingemeindet, doch mangels finanzieller Mittel verschwand das Stausee-Projekt immer wieder in der Schublade. Nach 1948 war der See dann ein beliebtes Thema für die Lokalspalten der Tageszeitungen, und in so mancher Ausgabe zum 1. April erschienen Bilder von einer gewaltigen Wasserfläche vor dem Eisenbahnviadukt, bevölkert mit Segelbooten und Wassersportlern aller Art. Seit 1982 haben wir nun den Obersee – und es ist ein hübscher Teich geworden!

Wasser war für Bielefeld schon immer ein Problem. Die mittelalterliche Doppelstadt – Altstadt und Neustadt –, umgeben von Mauern und Wassergräben, war anfangs nur von zwei Bächen umflossen, dem Vossbach (Fußbach) und dem Bohnenbach. Das war zu wenig Wasser für die wachsende Gemeinde, vor allem, als sich vor den Toren Bleichen ansiedelten zur Bearbeitung der Leinwand, die von den dörflichen Webern in die Stadt

Hinter dem Ostwestfalendamm tritt jetzt die Lutter ans Tageslicht und fließt in diesen Teich.

gebracht wurde. So gestattete Herzog Gerhard II. zu Jülich und Berg und Graf zu Ravensberg 1452 den Bielefeldern, der Lutter das Wasser abzugraben, jenem Bächlein, das im Lutterkolk im Osningpaß entsprang und nach Westen zur Ems floß.

Seitdem gibt es die zweifache Lutter: Die erste fließt wie immer nach der Eins, die zweite fließt – im Innenstadtbereich jetzt meist unterirdisch – nach Osten, um bei der Milser Mühle in die Aa zu münden und letztlich in die Weser zu gelangen.

Ältere Mitarbeiter der Asta-Werke erinnern sich noch gut an den Lutterkolk, der leider nach dem Kriege zugeschüttet wurde und auf dem jetzt – wie könnte es auch anders sein! – die Autos der Asta-Belegschaft parken. Von diesem Lutterkolk sind noch manche Sagen lebendig, vor allem die, daß der Bielefelder Klapperstorch aus ihm die kleinen Kinder fischte. Seit frühgeschichtlicher Zeit sprudelte sein Wasser „aus grundloser Tiefe". Manch Roß und Reiter oder Fuhrwerk sollen in ihm versunken sein. Sein Wasser hatte Wunderkraft, wenn es am Ostermorgen geschöpft wurde, und heilte allerlei Gebrechen, so daß der Lutterkolk zu Zeiten einer Wallfahrtsstätte glich.

Ein böser Geist, der jahrelang ein Haus in Bielefeld heimsuchte, wurde von einem Paderborner Pater mit Gebeten und Verbannungsformeln beschworen, immer kleiner zu werden, so daß man ihn einfangen und in die Tiefen des Lutterkolkes versenken konnte. Dort sollte er fortan hausen und um Mitternacht eine Stunde lang mit einem bodenlosen Eimer das Wasser des Kolkes ausschöpfen. Wenn kein Tropfen mehr übrig sei, versprach ihm der Pater, so dürfe er sich alle tausend Jahre der Stadt Bielefeld um einen Hahnenschritt nähern. – Die Lutter sprudelt immer noch, wenn auch der Geist dem Kolk nicht mehr entweichen kann. So ist zu hoffen, daß Bielefeld für ewig von ihm verschont bleibt!

Beinahe wäre Bielefeld ja einst ein Weltbad geworden, aber nur beinahe. Ein mittelalterlicher Bielefelder Bürgermeister, ein Mediziner namens Conrad Redecker, verfaßte einen Bericht über den „Gesundbrunnen bei Bielefeld“, der damals noch außerhalb der Stadtmauern lag: „Es ist geschehen Anfang July 1666. Jahrs, daß nicht weit von dieser Stadt Bielefeld außer der Niederpforten etwa zwei Schußweges, bei dieser gemeinen warmen und trockenen Luft, da sonst fast alle Quellen und Wasser hin und wieder trocken werden, eine daselbst bei einem guten Anger, gemeiner Weide, der Köttelbrink genennet, da etwa ein mergelhafter Grund, vor diesem aus der Erde springenden Wasser so meistenteils in dieser Grafschaft Ravensberg hin und wieder gefunden werden und nachdem eine oder andere vorerst Hülfe davon erlanget, in weniger Zeit ins Geschrey und Beruf kommen, also, daß von weit und seit der Benachbarschaft, sowohl Hochfürstliche, Adeliche und Unadeliche, Reiche und Arme sich angefunden, so solchen Brunnen, sowohl innerlich als äußerlich zum Gebrauch gezogen.“ Von mancher Heilung wird in den folgenden Jahren berichtet, aber nach ca. hundert Jahren ist der Quell versiegt, der Traum vom Heilbad war zu Ende. Und was ist aus dem Köttelbrink geworden? – Der Kesselbrink, ein Parkplatz natürlich!

Die Senne

Kein Gebiet im Bielefelder Raum hat sich in den letzten 200 Jahren wohl so sehr verändert wie die Senne, jene Landschaft am Südwesthang des Teutoburger Waldes, die sich ursprünglich von Brackwede bis Paderborn, Rietberg, Wiedenbrück und Gütersloh erstreckte. Der Name „Senne" kommt von „Sinethi" und bedeutet „große Heide". Es war wirklich eine ärmliche Heidelandschaft, in der es nur an den zahlreichen Bächen Laubbäume gab. Die Kiefer als genügsamer und schnellwachsender Baum wurde erst vor 300 Jahren eingeführt. Vor hundert Jahren gelang es dann, nach Aufkommen der Gründüngungspflanzen Lupine und Seradella und des Kunstdüngers, den kargen Boden landwirtschaftlich besser zu nutzen. Vorher waren die Erträge des Bodens so bescheiden, daß die hier ansässigen Menschen ihren Lebensunterhalt aus anderer Arbeit bestreiten mußten, vor allem aus dem Spinnen und der Handweberei.

Spinnen und Weben waren im mittelalterlichen Bielefeld die einzigen Gewerbe, die außerhalb des damaligen Stadtgebietes, also auf dem Lande, betrieben werden durften. Der zunehmende Flachsbedarf der Heimarbeiter führte dazu, daß im ausgehenden Mittelalter im Ravensberger Land fast nur noch Flachs angebaut wurde. So entwickelte sich Bielefeld zum Handelszentrum für Leinen, und seit dem 17. Jahrhundert wurde Bielefeld als Leinenstadt auch international zu einem Begriff.

Trotzdem hatten die Senner Spinner und Weber nur ein sehr

Sennelandschaft

bescheidenes Auskommen. Mit dem Aufkommen des maschinell hergestellten Garnes, das zuerst aus England importiert wurde, gerieten sie in große Armut. Das Heimatbuch der Gemeinde Senne I gibt erschütternde Berichte über die Not der Menschen. Wer noch eine Kuh besaß, war oft gezwungen, sie zu verkaufen, um die Steuern bezahlen zu können. Danach veräußerten sie all ihren Hausrat, bis sie praktisch gar nichts mehr besaßen. Die Nahrung der ärmsten Heuerlinge bestand aus Zichorienwasser mit trockenem Brot, „wenn sie es hatten". Bodenständig, wie der Menschenschlag hier war, wollten sie dennoch ihre ärmliche Scholle nicht verlassen. Mitte des vorigen Jahrhunderts setzte dann aber doch eine große Auswanderungswelle ein. Sie verkauften ihr letztes Hab und Gut, und mit einem Durchschnittsvermögen von 60 bis 70 Talern zogen sie nach Amerika. In einem Monat des Jahres 1852 wurden im Bielefelder Landratsamt 752 Pässe für Auswanderer verausgabt, in den beiden folgenden Monaten zusammen 1500. Viele zogen auch nach Ostpreußen; andere, die noch Kraft genug hatten, versuchten, in den Bergwerken des Ruhrgebietes Arbeit zu finden.

Ein Wandel trat erst ein, als sich in der Senne Industrie ansiedelte. Einer der ersten Lohnbetriebe war wohl der Bauer Scherpel, der auf seinem Hof 1832 eine Bleiche einrichtete, die später in den Besitz von Hermann Windel überging. Hier wurde anfänglich noch rein handwerklich gearbeitet, doch in mehr als 150 Jahren entstand daraus ein großes Industrieunternehmen, heute der größte Textillohnveredler in Europa. Hier fanden viele Senner in den folgenden Jahrzehnten Arbeit und

Unterkommen, denn Windel war auch eines der ersten Unternehmen, das für seine Mitarbeiter Wohnhäuser baute. Andere Betriebe im Senner Raum kamen hinzu, z. B. Unternehmen der Metallindustrie. So bietet die Senne mit der nach dem Zweiten Weltkrieg neu gegründeten Sennestadt heute ein völlig anderes Bild. Der Ortsteil, aus dem früher aus Not viele Menschen abwandern mußten, ist in den letzten Jahrzehnten zu einem der beliebtesten Bielefelder Wohngebiete geworden.

Bielefelder Leinen

Ende Mai 1987 berichtete eine Bielefelder Tageszeitung von Versuchen, den Flachsanbau in unserer Gegend neu zu beleben, um den Landwirten Alternativen zur Nahrungsmittelerzeugung anzubieten. Diese Meldung machte deutlich, daß Flachs für die meisten von uns zu einer unbekannten Pflanze geworden ist.

Und dabei verdankt ihr Bielefeld so viel. Das Ravensberger Land eignete sich offenbar gut für den Flachsanbau. Doch welche Mühen waren mit der Flachsbereitung verbunden! So wurden mancherorts die Glocken geläutet, wenn man mit der Aussaat des Leinsamens begann. Jahre vorher hatte man schon den „Flaskamp“ auf diese erste Aussaat vorbereitet. Im ersten Jahr wurden Wicken gesät zur Düngung des Bodens. Danach kam Winterroggen auf das Feld. Im dritten Jahr folgte Hafer: „Gutes Haferland – langer Flachs in der Hand.“ Vor der Flachsaussaat wurde das Feld mit Eisenwalzen geglättet und mit den Füßen festgestampft. Die Aussaat richtete sich nach dem Mond und begann meist um den 10. April. Viel heidnischer Aberglaube war damit verbunden, hing doch Wohl und Wehe der Menschen von einer guten Ernte ab. War der Flachs gelb und reif geworden, wurde er mit der Hand ausgerauft. Getrocknet, gebündelt, kam er in die Röste, auch Röthegrube oder Reudekuhle genannt, also ins Wasser, wo sich in einem Gärungsprozess die holzigen Stengelteile von den Bastfasern lösten. Danach mußte der Flachs erneut getrocknet werden,

Weißblühender Flachs auf einem Feld der Gutsverwaltung Eckendorf in Hovedissen

bevor man ihn durch eine Reepe, einen mit Eisenzinken versehenen Balken, zog, um die restlichen Holzteile abzustreifen. Nun kam der Flachs in Bündeln unter die Balken der Bokemühle, die von Wasserkraft angetrieben wurde. Hier wurde in tage- und nächtelanger Arbeit eine Handvoll nach der anderen weichgeklopft, für alle Beteiligten eine harte Arbeit. Auf der Racke wurden die Stengel dann gebrochen, mit einer eisernen Schabe die letzten Holzteile entfernt. Strähne für Strähne wurde der Flachs nun noch mit einem hölzernen Schwingemesser bearbeitet. Der letzte Arbeitsgang war das Hecheln, bis endlich die Fasern zum Verspinnen bereit waren.

„Ein Mädchen, das gut spinnen kann, das darf auch freien einen Mann", hieß es auf dem Lande, und „der Flachs braucht tausend Hände". Der mühevolle Weg des Flachses bis zur weißen Leinwand war noch lange nicht zu Ende. Spinnen, Aufhaspeln des Garnes in ein Bind, Weichschlagen mit einem Holzhammer und Kochen waren weitere Schritte, um zu feinem Leinengarn zu kommen. Das Garn wurde im Freien zum Trocknen aufgehängt und mußte wegen Diebesgefahr abends hereingeholt werden, obwohl man dem Mondlicht nachsagte, daß davon das Garn einen besonders schneeigen, bläulichen Schimmer bekomme. Nach dem Spulen des Garnes folgte das Schären der Webkette, das Aufziehen der Kettfäden auf den Webrahmen. Das dauerte wiederum Tage.

Das fertige Gewebe mußte gebleicht werden. Auch das war früher handwerkliche Arbeit, aber im Gegensatz zum Spinnen und Weben konnte es nur im Sommer geschehen, denn das Sonnenlicht spielte dabei eine wichtige Rolle. Allerdings glaubte

Ein Hauswebstuhl von 1844 im Bauernhausmuseum

man auch hier, daß der Mond dem Leinen einen besonderen bläulich-weißen Schimmer verleihe. Auch der Nachttau war von Bedeutung. Deshalb ließ man die Leinenbahnen nachts im Freien. Dazu mußte man sie bewachen, und an den Bleichplänen errichtete man kleine Hütten für die Wächter. Trotzdem wurde viel gestohlen:

„Wir sind unser acht,
viere gehn auf Wacht,
viere tun das Leinen stehlen,
so kann uns das Brot nicht fehlen.“

Dieser Spruch ist aus der Gegend von Jöllenbeck überliefert. Die Bielefelder Zünfte hatten dafür gesorgt, daß die Flachsbearbeitung auf dem Lande nur im kleinen familiären Ausmaß stattfand. So durften die Heuerlinge (Landbewohner ohne eigenen Grundbesitz) nur zwei Webstühle aufstellen. Mit Leinen handeln – sei es Garn, sei es Leinwand – durften nur die in der Stadt ansässigen Händler. Allmählich wurde der Leinenhandel für Bielefeld so bedeutsam, daß in der Stadt auch die gewerblichen Weber zunahmen. Dadurch entstanden rings um Bielefeld an den Bächen Bleichen, die im Auftrage der Kaufleute, die das rohe Leinengewebe von den Hauswebern erwarben, die Leinenbahnen im Lohn bleichten. Inzwischen gab es in und um Bielefeld an die 3000 Hausweber. Hätte jeder sein Leinen selbst gebleicht, wäre das Resultat sehr unterschiedlich ausgefallen. Für den Handel, der schon damals in viele Länder reichte, benötigte man aber Qualitätsware mit einheitlichem Charak-

Haus Milse, ehemals Lehen der Reichsabtei Herford, bewohnt von adligen Dienstleuten, heute im Besitz der Familie Lott. Portal von 1704.

ter. So kam es zur Gründung der ersten gewerblichen Bleiche auf dem Gelände des Rittergutes Milse durch die Bielefelder Kaufmannschaft. Während des Siebenjährigen Krieges wurde dort einmal das gesamte Leinengut von französischen Truppen gestohlen, ein Schaden von 121 000 Talern. Der Marquis de Mercieu, den der Frevel reute, zahlte später aus seinem eigenen Vermögen 700 Taler zurück.

Der Große Kurfürst, dem sein „Spinn- und Linnenländchen" sehr am Herzen lag, förderte den Bielefelder Leinenhandel 1678 durch Gründung einer Legge, einer amtlichen Prüfstelle, die jedes Stück kontrollierte und mit einem Gütestempel versah.

So wurde Bielefelder Leinen schon damals weltberühmt. Einer von vielen prominenten Gästen, die unsere Stadt im Laufe der Geschichte besucht haben, war der russische Zar Peter der Große. Dank Lortzings Oper „Zar und Zimmermann" wissen wir, daß er als „Unteroffizier Peter Michajlov" in die Niederlande kam, um dort Schiffbau zu studieren. In Wirklichkeit dauerte der Aufenthalt in Zaandam, in dem die Oper spielt, nur eine Woche. Er war aber insgesamt eineinhalb Jahre in Westeuropa unterwegs, vom Frühjahr 1697 bis zum Spätsommer 1698. Auf dieser Reise kam er auch zweimal durch Ostwestfalen, wie in einem „Journal" protokolliert ist, das den Reiseverlauf genau festhält. Am 29. Juli 1697 übernachtete er mit seinem Gefolge von 250 Leuten in Bielefeld, das als „Stadt Stareberch" (Sparrenberg) erwähnt wird. Auf der Rückreise, am 25. Mai 1698, führte seine Reiseroute wieder über Bielefeld. Diesmal zitierte die Chronik schon genauer: „... Erreichten am Morgen die Stadt Bilifert. Wechselten hinter der Stadt die Pferde. Fuhren dorthin, wo man Leinen herstellt.“ Den Hinweis auf die Bielefelder Leinenproduktion dürfte er in Holland erhalten haben, denn niederländische Händler waren gute Kunden des Bielefelder Leinenhandels, und bevor in Bielefeld die erste „Holländische Bleiche“ eingeführt wurde, schickte man Bielefelder Leinen nach Haarlern zur Bleiche. Möglicherweise ist Zar Peter später noch mehrmals in Ostwestfalen gewesen. So weilte er 1716 mit seiner zweiten Frau Katharina zur Kur in Pyrmont. Bei seinem Tode im Jahr 1725 gab es in Rußland 240 Manufakturbetriebe für mancherlei Güter, unter anderem auch Leinwand und Stoffe. Die Erfahrungen, die er bei seinen Auslandsreisen gewonnen hatte, sollten seinem Lande von Nutzen sein, und was er in Bielefeld über das Leinen gelernt hatte, spielte dabei sicherlich auch eine bedeutsame Rolle.

Über die Not der ländlichen Spinner und Weber nach Beginn der Industrialisierung ist schon berichtet worden. Nachdem aber Bielefeld Anschluß an das Industriezeitalter gefunden hatte, folgten der Einrichtung von Spinnereien (1852 Spinnerei Vorwärts, 1854 Ravensberger Spinnerei), Webereien und Textilveredlungsfirmen auch Nähereibetriebe für Wäsche und Oberbekleidung aller Art. Dies inspirierte wiederum den Maschinenbau zur Herstellung von Nähmaschinen. Da Nähmaschinen ein Saisonartikel waren, der meist vor Weihnachten gekauft wurde, bauten diese in der übrigen Zeit Fahrräder, um ihre Kapazität auszulasten. Bielefeld wurde die Fahrradstadt. Später kamen Werkzeugmaschinen, Registrierkassen, Buchungsmaschinen usw. hinzu. Gleichzeitig entwickelte sich das Verpackungs- und Druckereigewerbe. Stärkefabriken entstanden, um den Bedarf der Wäscheindustrie zu decken. So hing Bielefelds Weg in das moderne Industriezeitalter wirklich „am Leinenfaden“.

Der Schmied von Bielefeld

Doch Bielefeld war nicht nur eine Stadt der Leinenhändler. Auch andere Gewerbe erlangten Wohlstand und Berühmtheit. So erzählt die bekannteste Bielefelder Sage von einem gewitzten Schmied, der den Teufel überlistete. Ich fand diese Sage mit dem gleichen Wortlaut in verschiedenen Quellen. So möchte ich sie hier wörtlich zitieren.

In Bielefeld lebte vor langen Jahren ein Schmied, der seine Kunst wie kein anderer verstand. Nichtsdestoweniger wollte sich der Mann nicht mit dem begnügen, was er leistete, sondern ersann immer Neues und suchte zuletzt durch ein Bündnis mit dem Teufel sich vollends in den Besitz aller geheimen Künste zu setzen. Jetzt kam er erst recht in Ruf, und zwar in der Weise, daß der heilige Petrus, als er einmal aus dem Himmel in das Land hinunter mußte und als er fand, daß seinem Rosse die Hufeisen klapperten, die Gelegenheit benutzte, die Bekanntschaft des kunstreichen Schmiedes zu machen. Als das Roß des Heiligen neu beschlagen war und derselbe nach dem Lohn fragte, meinte der Schmied: Geld habe er nicht gerade nötig, aber er besitze einen Beutel, aus welchem ihm sein Geld stets fortkäme. Der Heilige – der Schmied hatte seine Wunderkraft schon aus der kurzen Unterhaltung bemerkt – möge ihm seinen Säckel segnen, damit nichts ohne seinen Willen entwischen könne. Da der Heilige gefällig war und, wie alle seinesgleichen, lieber den Segen als Geld gab, holte der Schmied wirklich einen großmächtigen Säckel hervor, welcher dann die Segnung bald

In heutiger Zeit findet man kaum noch einen solchen Schmied in Bielefeld. Dieser zeigte sein Können beim Sparrenburgfest.

weg hatte. Ich weiß nicht, wie lange es nun her war, daß der Schmied sich des Lebens freute. Das währte, bis eines frühen Morgens der Vertrag abgelaufen war, der Teufel ankam, um den ihm verfallenen Schmied zu holen. Dieser sagte, daß er es nicht nötig habe, die Türe zu öffnen, er möge nur durch das Schlüsselloch einfahren. Als nun der Teufel durch das Schlüsselloch huschte, fand er sich bald in dem geweihten Sack gefangen, konnte, wie sehr er sich abmühte, sich aus demselben nicht loswinden, konnte auch den geweihten Sack nicht sprengen. Das Schmiedelein faßte aber lustig den Sack mit scharfer Zange an und bearbeitete ihn auf dem Amboß dermaßen mit seinem Hammer, daß der Teufel hell aufschrie und alles, was er zu leisten fähig war, versprach, damit der Schmied ihm Ruhe gönne und ihn aus dem Sack ausfahren ließe. Der Schmied aber wollte nur seinen Vertrag aufgelöst haben und bestand so lange darauf, bis der Teufel ihm denselben aus dem Sacke reichte. Er hatte ihn eben zum Vorweisen mitgebracht. Jetzt hielt der Bielefelder seinen Sack wieder an das Schlüsselloch und ließ den Teufel hinausfahren. Er fand sich aber dermaßen zugerichtet, daß er nie mehr daran dachte, die Schmiede zu besuchen. Auch mochte er dem Schmiede, als derselbe endlich vor Alters gestorben, kein Plätzchen in seiner Hölle aus lauter Furcht einräumen, so daß es für denselben kein ander Unterkommen als eben im Himmel gab.

Der Bartholdskrug

Handelswege bestimmen die Entwicklung einer Stadt. So verdankt auch Bielefeld den Straßen, die seit alters her durch den Osningpaß führten, daß die Stadtgründung der Grafen von Ravensberg erfolgreich war. Anderen Gründungen, zum Beispiel Cleve unterhalb der Ravensburg, war dieser Erfolg nicht beschieden.

Ein wichtiger Handelsweg war der „Alte Senner Hellweg", der Bielefeld mit Paderborn, Holland und anderen europäischen Zentren verband. An dieser Straße, an der heutigen südöstlichen Stadtgrenze, die früher die Grenze der Grafschaft Ravensberg und Lippe war, liegt eine alte Zollstelle, urkundlich bekannt als Dalbker Zollstelle um 1450. Hier rasteten die vielen Handelskarawanen, so daß der Zolleinnehmer zugleich eine Krugwirtschaft betrieb. 1721 wurde dem Krüger das Privileg zum Bierbrauen und zum Branntweindestillieren erteilt. Das heutige Gebäude des Bartholdskruges wurde 1697 errichtet. In einem Nebengebäude wohnte der preußische Gendarm. Es muß reges Leben an diesem Platze geherrscht haben, denn es waren ja nicht nur die Karawanen abzufertigen, sondern auch die Lasttiere, Pferde und Esel, zu versorgen.

Auch die Postkutschen kamen am Bartholdskrug vorbei, wenn sie den Alten Senner Hellweg benutzten, um von Brackwede nach Oerlinghausen zu gelangen, denn auf dem trockenen Sandweg kam man besser voran als auf dem schweren Lehmboden auf der Nordseite des Osning. Wie beschwerlich das Reisen

Der verträumte Bartholdskrug läßt nicht mehr ahnen, was früher hier an dieser Zollstelle am Alten Senner Hellweg für ein Leben und Treiben geherrscht hat, als Güter aller Art auf diesem Wege befördert wurden.

damals war, kann man in alten Reiseberichten nachlesen. Die Fahrpost rechnete für eine Meile (1,5 Kilometer) eine Stunde 15 Minuten, es konnte aber auch einen halben Tag dauern, bis man eine Meile weitergekommen war.

Erst 1871 wurde die Zollpflicht für Waren aus Lippe aufgehoben. Seitdem ist es still geworden um diesen idyllischen Ort am Menkhauser Bach, an dem so manche Schmuggleroper sich ereignet haben mag. Noch immer lädt der alte Bartholdskrug ein zu westfälischen Spezialitäten und ist ein Ziel für Wanderer geworden, die gerne an diesem romantischen Ort Einkehr halten.

Der goldene Hund

Bei einer Wanderung durch die Senne kam ich auch am Tierheim des Städtischen Tierschutzvereins an der Kampstraße vorbei. Es war Sonntag nachmittag, und einige Jugendliche schwärmten gerade aus, um mit den Hunden spazierenzugehen. Dabei kam mir die alte Bielefelder Sage vom goldenen Hunde in den Sinn:

Vor vielen Jahren lebte nicht weit von Bielefeld ein Schuster, und neben ihm hatten ein alter Mann und seine Frau ihre Kammer. Die beiden waren gebrechlich und zur Arbeit nicht mehr nütze. Sie mußten sich das Nötigste zum Leben erbetteln. Da sie aber rechtschaffene Leute und ohne eigene Schuld in Not geraten waren, trugen sie ihr Los geduldig und vertrauten auf Gott und seine Hilfe.

Einmal träumte der Schuster, im nahen Wald liege unter einer Eiche vergraben ein Sack voll Gold. Weil er aber von der Wahrheit seines Traumes nicht recht überzeugt war, erzählte er dem alten Nachbarn, was er geträumt hatte. Mißtrauisch fragte er ihn: „Wirst du nun in den Wald gehen und den Schatz suchen?“ Der Alte, der kein Verlangen nach solch unsicherem Besitz hatte, entgegnete: „Was mir der Herr hat zugedacht, das wird mir auch ins Haus gebracht.“ Der Schuster lächelte nur spöttisch und ging wieder an seine Arbeit. Doch die Sache ging ihm nicht aus dem Sinn. Immerzu mußte er an das Gold denken, bis ihm schließlich sogar seine Arbeit dabei mißriet. In der dritten Nacht trieb es ihn endlich in den Wald auf der Suche nach dem Schatz. Aber bei der Eiche fand er keinen Sack und kein Gold. Nur ein schwarzer, armseliger Hund lag dort und winselte erbärmlich.

Verdrossen wollte der Schuster kehrtmachen, da kam ihm ein Gedanke. Er dachte an seinen Nachbarn, der jetzt friedlich auf seinem Stroh schlief, während er, der Schuster, bei Sturm und Regen unterwegs war und nun durch die dunkle Nacht zurückmußte. Wütend beschloß er, dem Alten einen Streich zu spielen. Er nahm den Hund mit und trug ihn in die Kammer des Nachbarn. Danach legte er sich schlafen, voller Schadenfreude über den Ärger, den der Hund den beiden Alten vermutlich bereiten würde.

Als diese am anderen Morgen frühzeitig erwachten, fanden sie in der Ecke ihrer Kammer den seltsamen Gast, der noch elender war als sie selbst. Und weil sie Mitleid mit ihm hatten, teilten sie mit ihm das wenige, das sie hatten, etwas Milch und eine Brotkruste. Dann betteten sie das arme Tier auf warmes Stroh.

Am nächsten Morgen galt ihr erster Blick wieder dem Hund, aber der war fort. An seiner Stelle lag nun auf dem Stroh ein Sack, gefüllt mit reinem Gold. Dankbarkeit erfüllte sie, und sogleich liefen sie zum Schuster und erzählten ihm von diesem Wunder. Und der Schuster? Der sah, daß er ein Narr gewesen war.

Vielleicht erweist sich solch ein armer Hund – diesmal aus dem Tierheim – für manch einen von uns auch als „ein Sack voll Gold“?

Ein Dorf namens Hepyn

Die Christianisierung des Bielefelder Raumes begann mit der Unterwerfung der Sachsen um das Jahr 784/85 durch Karl den Großen. In dieser Zeit wurden hier auch die ersten Kirchen gebaut, damit das Volk zum neuen Glauben hingeführt werden konnte, den der sehr am Althergebrachten haftende Menschenschlag unserer Gegend anfangs nur sehr zögernd annahm. Die Urkirche des Bielefelder Raumes könnte in Hepyn gestanden haben, dem heutigen Bielefelder Ortsteil Heepen, der zu den hundert ältesten Orten in Westfalen gehört. Die ältesten Bauteile der Peter-und-Pauls-Kirche werden auf das Jahr 1000 datiert. 1036 wurde Heepen erstmals aktenkundig, als der Paderborner Bischof Meinwerk sich den Zehnten von Heepen durch eine Urkunde sichern ließ. So feierte man 1986 in Heepen das 950jährige Bestehen dieses Dorfes, das auch „die Mutter von Bielefeld" genannt wird, weil Bielefeld bei seiner Gründung um 1214 noch einige Jahre zum Kirchspiel Heepen gehörte. Da auch das Gebiet der Senne im 17. Jahrhundert zum Verwaltungsbezirk der Vögte von Heepen gehört hat, kann man sagen, daß auf ehemaligem Keeper Territorium zwei Städte entstanden sind: Bielefeld und Sennestadt (das heute allerdings auch zur Großstadt Bielefeld gehört). Zur 950-Jahr-Feier wurde das alte Vogteigebäude gegenüber der Kirche restauriert.

Nicht weit davon liegt auch der Gasthof Wedding mit einer Besonderheit ganz anderer Art. 1903 baute der damalige Gast-

Die Peter- und Paulskirche in Heepen mit alten Grabsteinen

wirt Friedrich Wedding diesen Tanzsaal an seinen alten Gasthof und ließ die Wände mit Muschelbildern schmücken. 1956 ging dessen große Zeit der Feste, Bälle und Ausstellungen zu Ende. Der Saal diente als Lagerhalle und verfiel, ja man wollte ihn sogar abreißen. 1986 kam für ihn die Rettung: Der junge Tanzlehrer Detlef Lukas erwarb ihn für seine Tanzschule und ließ ihn liebevoll restaurieren. Sogar die schöne Freitreppe wird wieder aufgebaut. Nun ist wieder Leben eingekehrt in diesen sehenswerten Saal.

Die sagenhafte Lauseeiche

Hinter Heepen, beim Hofe Meyer zu Bentrup, steht noch heute ein sagenhafter Baum, bei dem sich eine schreckliche Geschichte zugetragen hat, die Lauseeiche, so genannt, weil früher oft Zigeuner dort rasteten und sich lausten. Man nennt den Baum auch die Brudereiche, und das hat mit der Geschichte zu tun, von der ich hier berichten will.

Ein Wanderbursche, der aus dem Lippischen kam und nach Bielefeld wollte, geriet in ein Gewitter und wollte unter dieser Eiche Schutz suchen, er mußte nur noch über eine Brücke. Doch als er einen Fuß auf die Brücke setzen wollte, traf ihn ein gewaltiger Schlag, der ihn zurücktaumeln ließ. Er konnte sich nicht erklären, was ihm geschah, und versuchte es noch einmal. Da traf ihn ein Schlag mit solcher Wucht, daß er zu Boden fiel. Auf einmal sah er einen großen Mann mit feuerrotem Bart und glühenden Augen auf sich zukommen, der gab dem verwunderten Burschen zwei Goldstücke und sagte: „Wenn du Mut hast, so komm in der nächsten Osternacht wieder hierher, wenn die Feuer brennen, und sei um Mitternacht hier unter der Eiche an der Brücke." Dem Wanderburschen war recht unheimlich zumute. Da sprach der große Kerl noch weiter:

„Drei Schritte vor der Brücke
drei Schritte geh zurücke,
dann rückwärts über die Brücke!"

Auf dem Hofe Meyer zu Bentrup krähte ein Hahn, da fand sich der Wanderbursche allein vor dem großen Hofe auf der Landstraße. Er wandte sich Heepen zu, und als er an die Kreuzung nach Lübrassen kam, traf er einen alten Plüschweber, der mit seinem fertigen Stoffballen auf dem Rücken nach Bielefeld wollte. Sie gingen zusammen weiter, der junge Mann erzählte von seinem seltsamen Erlebnis und zeigte die beiden Goldstücke.

Da sagte der Alte: „War das an der Brücke bei Bentrup, dann hast du den roßigen Karl gesehen und kannst noch von Glück sagen, daß dir nicht mehr passiert ist, denn:

Dreimal ein Schlag in den Nacken,
das vierte Mal zerschleißen die Hacken,
das fünfte Mal zerbricht er's Genicke,
das ist der Spruch von der Bruderbrücke.

Man merkt, daß du nicht von hier bist, sonst kenntest du den Spruch und wüßtest mit der Brücke Bescheid. Hierzulande geht niemand in der Geisterstunde dort vorbei!"

Und dann erzählte ihm der Alte von einem Haus, das früher auf dem Hofe Bentrup gestanden habe und von dem nur noch ein Steinhaufen übrig war. Dort wohnten einst zwei Brüder, Hermann und Karl Horst. Hermann war ein ruhiger Mensch, der seine Arbeit tat und wenig unter die Leute kam. Der Karl aber führte ein lustiges Leben und fehlte auf keiner Kirmes. Er war ein hübscher großer Bursche mit Bärenkräften und bei den Mädchen sehr beliebt. Aber das lockere Leben, das er führte,

Die Lauseeiche beim Hof Meyer zu Bentrup, Heepen

kostete viel Geld, und bald hatte er das Eigentum der Brüder durchgebracht. Der ältere Bruder Hermann redete ihm oft ins Gewissen, doch das half alles nichts. Als es auf dem Hofe nichts mehr zu holen gab, verlegte sich der Karl auf das Stehlen, doch wurde er niemals dabei erwischt, denn er hatte einen Bund mit dem Teufel geschlossen. Sogar am Eigentum der Kirche vergriff er sich. Das Gut Eckendorf im Lippischen hatte an die Keeper Pfarre alle Jahre eine Kuh zu liefern; da ging er nach Eckendorf und holte die Kuh „im Auftrage des Pastors". Er soll sogar in der Wirtschaft vorher damit geprahlt haben, und trotzdem haben sie ihm die Kuh ausgehändigt. Es ging ein böser Zauber von ihm aus, alle Menschen mußten tun, was der Karl wollte. In der Weihnachtszeit raubte er in der Kirche die volle Opfertruhe aus, dabei muß ihm der Deckel auf die Finger geschlagen sein, denn man fand Blutspuren in der Truhe. Lange Zeit standen auf dem Altar der Heeper Kirche weder Kreuz noch Kelch. Aber niemand strafte ihn dafür. So trieb er es ärger als je zuvor. Sein Bruder Hermann brachte eines Tages dem Pfarrer das gestohlene Kreuz zurück. Darauf hat der Karl den großen Kupferkessel, in dem er die geraubten Schätze aufbewahrte, unter der Eiche an der Brücke vergraben. Er glaubte, Bruder Hermann wüßte nichts davon. Doch dieser muß den Platz entdeckt haben. In der Osternacht hörten Burschen, die vom Osterfeuer zurückkamen, entsetzliche Schreie von der Brücke und sahen dort Irrlichter. Keiner traute sich hinzugehen. So fanden erst am Ostermontag Kirchgänger den toten Hermann Horst im Kolk liegen mit einer großen Wunde am Halse. Von seinem Bruder Karl fehlte jegliche Spur. So vermutete man, Karl habe seinen

Bruder überrascht, als dieser nach dem Schatze grub, und ihn dabei erschlagen. Vielleicht sei er dabei selbst in jenen Sumpf geraten, oder der Teufel habe ihn geholt.

Der alte Weber und der junge Handwerksbursche verabredeten sich nun für die Osternacht. Sie wollten sich an der Bruderbrücke treffen und den Schatz gemeinsam heben. Als sie in die Nähe gekommen waren, sahen sie plötzlich unter dem Baume blaue Flämmchen aufsteigen. Ein großer Kessel stieg langsam empor, und sie sahen, daß er bis zum Rande mit Kostbarkeiten gefüllt war. Sie stürzten beide darauf zu und wurden von einem gewaltigen Schlag zurückgehalten. Vor ihren Augen versank der Schatz langsam wieder in der Tiefe. In ihrer Gier hatten sie sich nicht mehr des Spruchs erinnert:

Drei Schritte vor der Brücke
drei Schritte geh zurücke,
dann rückwärts über die Brücke.

So mußten sie mit leeren Händen heimkehren, und der Schatz ruht noch immer unter der Lauseeiche. Er wird vom roßigen Karl bewacht, und wer ihn heben will, muß frei sein von Gier nach mühelosem Gewinn. Vermutlich wird er so noch lange ungehoben bleiben.

Allerlei Militärisches

Daß Friedrich der Große die Sparrenburg als Steinbruch für seinen Kasernenbau in der Nähe der Neustädter Marienkirche benutzte, wissen noch viele Bielefelder. Die Steine, die damals aus den Befestigungsmauern der Burg herausgebrochen wurden, sind erst in den letzten Jahrzehnten ersetzt worden. Die Arbeiten am sogenannten Scherpentiner sind auch im Sommer 1987 noch im Gange. Dabei hat man beim Einstieg in einen Schacht, den man für einen Brunnen hielt, ein interessantes Gewölbesystem entdeckt, über dessen Bedeutung noch diskutiert wird. Waren es Zisternen?

Kriege sind an Bielefeld nie spurlos vorübergegangen. Einmal soll ein kleines Mädchen die Stadt gerettet haben. War das im Dreißigjährigen Krieg? Es ging um den alten Getreidespeicher in der Ritterstraße, ein mächtiges Gebäude mit meterdicken Mauern, in dem die Nahrungsvorräte für den Winter lagerten. Wurden sie geraubt oder durch Feuer vernichtet, so drohte eine Hungersnot. Eines Tages drang ein räuberischer Reitertrupp in die Stadt ein und hielt auf die Ritterstraße zu. Die Bielefelder flüchteten in ihre Häuser. Doch ein Mädchen stand vor dem Tor des Speichers und betete. Die Reiter herrschten es an, aber furchtlos trat es ihnen entgegen: „Gott gebot mir im Traum, Euch hier zu erwarten. Laßt ab von dem Korn. Das Jahr war schlecht. Der Krieg hat unsere Felder verwüstet. Laßt uns nicht hungern." Da machten die Reiter kehrt und verschonten die Stadt.

Über einem Portal an der Turnerstraße

Besonders arg müssen es auch die Werber getrieben haben, die Soldaten für den Kriegsdienst anwerben sollten. So gibt es eine Sage von dem Werber Swanewät (Schwanenwirt), der sich in unserer Gegend herumgetrieben hat. Er war ein preußischer Werber unter König Friedrich Wilhelm I., der so erpicht auf „lange Kerls“ war. Er soll im Schwanenwirtshaus bei Oelde geboren sein. Von Bielefeld aus unternahm er seine Streifzüge. So ist er einmal zu einem Schreiner gekommen, der der längste Mann der ganzen Gegend war. Swanewät bestellte bei ihm einen Sarg, der müsse aber für einen besonders großen Menschen sein. Als der Sarg fertig war, kam Swanewät mit seinen Leuten: „Der Sarg ist zu klein!“ – „Der paßt ja mir sogar“, entgegnete der Schreiner und legte sich zur Probe selbst hinein. Da stülpten die wilden Kerle des Swanewät den Dekkel darauf und nagelten den Sarg zu. Dann fuhren sie damit nach Berlin, doch unterwegs soll der arme Schreiner erstickt sein. Ein anderes Mal hatte es Swanewät auf einen langen Müller abgesehen, der zwischen Herzebrock und Marienfeld an der Ems die Brauke-Getreide- und Sägemühle betrieb. Der war so stark, daß er unter jedem Arm einen Sack Korn, ohne abzusetzen, eine Viertelstunde lang tragen konnte. Aber der Werber überlistete ihn. In der Zeit der Hanfernte, in der der Müller tagsüber Getreide mahlen und Holz sägen mußte und nachts Hanf brechen, schlichen sich die Werber nachts in die Mühle, in der nur der Müller allein noch wach und tätig war. Weil er übermüdet war und seine Arbeit Lärm machte, hörte er die Männer nicht kommen. So konnten sie ihn überwältigen und knebeln.

Doch es nahm kein gutes Ende mit Swanewät. Im Klosterbusch bei Herzebrock sagte er zu seinen Leuten: „Nehmt euch in acht, ich höre einen Hahn schnacken." Im nächsten Augenblick bekam er eine Kugel in den Leib. „Jetzt habe ich genug geholt", waren seine letzten Worte. Doch Ruhe fand er nicht nach seinem Tode. Als Geist irrte er an den Orten seiner Untaten herum. In Wiedenbrück soll er jeden Abend als Hund durch die Straßen laufen.

Wer weiß schon von den Bielefeldern, daß auch der „Hauptmann von Köpenick" die Stadt einmal besucht hat, jener Schuhmachergeselle, der durch das Schauspiel von Carl Zuckmayer zu Weltruhm gelangt ist! Eine nette Geschichte von Erich Waßer im „Minden-Ravensberger" von 1977 berichtet davon. Jener Wilhelm Voigt, der sich im Oktober 1906 in Köpenick bei Berlin als Hauptmann vom 1. Garderegiment zu Fuß verkleidet hatte, besetzte mit vier Füsilieren und sechs Grenadieren, die er auf der Straße traf und zum Mitgehen aufforderte, das Köpenicker Rathaus und ließ den Bürgermeister Obermüller und den Stadtkämmerer Rosenkranz festnehmen und zur Neuen Wache nach Berlin bringen. Zuvor mußte der Stadtkämmerer seinen Kassenbestand prüfen und ihm über 4000 Mark aushändigen. Als man Kaiser Wilhelm II. diesen Handstreich berichtete, soll er gesagt haben: „Habe ich so müde Beamte? Immerhin – der Kerl hat Courage!" Der Bürgermeister Obermüller von Köpenick, vor aller Öffentlichkeit bloßgestellt, wurde danach als Kommunalbeamter nach Bielefeld versetzt. Drei Jahre nach diesem Bubenstück, am 20. September 1909, war also jener Wilhelm Voigt in Bielefeld, um sich im neuerbauten Bielefelder Rathaus bei Herrn Obermüller zu entschuldigen. Er wollte Frieden machen mit den Behörden, die er sein Leben lang bekämpft hatte.

Gartenzauber

Wenn nach einem langen Winter die ersten Sonnenstrahlen locken, dann findet man im Alpinum des Botanischen Gartens am Südhang des Kahlen Berges schon die ersten Frühlingsspuren. Der Botanische Garten feiert 1987 seinen 75. Geburtstag. 1912 wurde er nach den Plänen des damaligen Gartenbaudirektors Meyerkamp auf einem Gelände angelegt, das mitsamt dem Fachwerkkotten von der Familie Dreckshage erworben wurde. Das Gelände ist ideal für einen Garten, angeschmiegt an einen Hang des Waldes, geschützt nach Norden und Osten, mit freiem Zugang von allen Seiten. Im Laufe der 75 Jahre ist der Garten natürlich umgestaltet worden; unterhalb des Kottens war einmal ein Teich, jetzt wächst dort ein großer Nesselschirm. Und – angepaßt an unsere von vielen Seiten bedrohte Gegenwart – gibt es jetzt auch einen Bezirk „Rote Liste“ mit Pflanzenarten, die vom Aussterben bedroht sind.

Zur Zeit der Rhododendronblüte wird der Park zum Wallfahrtsort der Spaziergänger. Es gibt viele botanische Kostbarkeiten: seltene Bäume, Arznei- und Gewürzpflanzen, das „Mendel-Beet“, an dem mit roten und weißen Begonien die Mendelsche Vererbungslehre demonstriert wird, Seerosenbecken, ein kleines Schauhaus mit Besonderheiten wie Kakteen, „Lebenden Steinen“, seltenen Gebirgspflanzen. Als Geburtstagsgeschenk legten die Gartengestalter eine Erdzeituhr an: Die geologischen Zeitabschnitte werden in Beziehung gesetzt zu unserer Tages-

75jähriges Jubiläum des Botanischen Gartens

zeit und mit Gesteinen, Fossilien und Pflanzen veranschaulicht. Viereinhalb Milliarden Jahre werden so vorstellbar gemacht.

Wenn man den Botanischen Garten durchwandert hat, so kann man an seinem nordwestlichen Ende auf dem Rundwanderweg A 1 (Paul-Kottenkamp-Weg) in kurzer Zeit zum nächsten Park gelangen, dem Tierpark Olderdissen.

1928 wurde auf dem Gelände des historischen Meierhofes zu Olderdissen dieser Heimattierpark angelegt, seit 1930 steht er unter der Leitung des Forstamtes der Stadt Bielefeld. Auch er ist von allen Seiten frei zugänglich, und viele Wanderwege berühren ihn. Seine vorbildlichen, artgerechten Gehege beherbergen Tiere unserer europäischen Heimat, Jagdwild, aber auch seltene geschützte Tiere wie Schwarzstörche und Kormorane. Mit Erfolg wird hier seit vielen Jahren zur Erhaltung bedrohter Tierarten beigetragen, z. B. mit der Zucht von Uhus. Der Tierpark ist bei den Bielefeldern sehr beliebt, vor allem wenn es Tierkinder zu bewundern gibt, wie den jungen Wisent, kleine Esel, Rehkitze und Hirschkälber, junge Waschbären und Frischlinge. 1986 war allerdings ein schmerzlicher Verlust zu beklagen: Das hübsche Schneeeulenpaar wurde gestohlen.

Der alte Meierhof ist nach wie vor bewirtschaftet. Auf 40 Morgen Land wird ein Großteil der Verpflegung für die Tiere selbst erzeugt, und in der Gartenwirtschaft wird auch für die vielen Besucher immer gut gesorgt.

Im Tierpark Olderdissen

Klöster in Bielefeld

Vom Tierpark Olderdissen aus gelangt man auf dem Rundwanderweg A 2 zwischen Jostberg und Kahlem Berg an einer Wegekreuzung (Schlingenstraße) zu den Grundmauern einer kleinen Kirche. Hier bezogen 1502 Franziskanermönche ein kleines Kloster. Schon vorher stand hier eine dem heiligen Jost (Jodokus) geweihte Wallfahrtskapelle, deren Betreuung den Franziskanern anvertraut worden war. Aber den Mönchen scheint das Leben im Walde, weitab von der nächsten Siedlung, nicht behagt zu haben. Sie zog es hinunter in die Stadt. Heinrich Ledebur stellte ihnen 1505 bis 1518 den Waldhof zur Verfügung, jene „Keimzelle von Bielefeld“, deren Geschichte sich bis ca. 800 n. Chr. zurückverfolgen läßt. Vom Waldhof aus betrieben die Franziskaner den Bau der Jodokuskirche und des angeschlossenen Klosters. Bereits 1511 konnte der erste Teil geweiht werden. Der heilige Jodokus vom Jostberg wurde Schutzpatron des neuen Klosters. Das kleine Kloster auf dem Berge ließ man jedoch verfallen.

Das Franziskanerkloster war aber nicht das einzige Kloster im mittelalterlichen Bielefeld. So war die Süsterkirche (Süster = Schwester) die Kirche eines 1491 gegründeten Augustinerinnenklosters, das in der Reformation wieder eingegangen ist. 1681 übereignete es der Große Kurfürst der Reformierten Gemeinde.

Vor dem ehemaligen Franziskanerkloster, das bis 1829 bestanden hat.

Memento Mori

Zu den schönen Parks von Bielefeld müssen auch einige seiner Friedhöfe gerechnet werden.

In der mittelalterlichen Stadt lagen die Friedhöfe neben den Kirchen mitten in der Stadt. Nur der Judenfriedhof war außerhalb der Stadtmauern. Erst 1808 wurde vor dem Niederntor auf Befehl Napoleons der heutige Alte Friedhof angelegt. Jetzt ist er eine grüne Oase mitten in der Stadt. Seine Grabsteine künden von Namen berühmter Bielefelder Familien: Delius, Kisker, von Laer, Tiemann, Crüwell, Rempel, Velhagen und Klasing. Die mit den Grabstätten verbundenen Schicksale einmal darzustellen, wäre eine interessante Aufgabe.

Ein anderer schöner Friedhof schließt sich an das Gelände des Botanischen Gartens an, der Johannisfriedhof. Hier findet man gleich am Eingang die pompöse Grabstätte von Georg Hinzpeter, die ihm seine Zöglinge Kaiser Wilhelm II. und Prinz Heinrich, zusammen mit zwei Prinzen von Sayn-Wittgenstein und zwei Grafen Görtz, gestiftet haben.

Nur vom Johannisfriedhof aus zugänglich ist der stille Neue Jüdische Friedhof von Bielefeld. Der alte Judenfriedhof lag am Bolbrinkersweg und ist seit dem 17. Jahrhundert nachweisbar. Er fiel dem Brückenbau am Haller Weg zum Opfer. Elf alte Grabsteine sind auf den neuen Friedhof gerettet worden, der 1891 angelegt wurde. Leider hat auch der Bau des Ostwestfalendammes wieder eine Verkleinerung des Friedhofs zur Folge gehabt. Der Leiter des Sennefriedhofs, Karl-Wilhelm Röhs,

Grabstein auf dem Neuen Jüdischen Friedhof

hat 1987 in einer verdienstvollen Arbeit „Der gute Ort“ eine Darstellung der Geschichte der jüdischen Friedhöfe in Bielefeld gegeben.

Der größte Bielefelder Friedhof liegt in der Senne. Hier kaufte 1909 die Stadt Bielefeld das damals noch außerhalb des Stadtgebietes liegende Gelände und gestaltete es zu einem der schönsten Waldfriedhöfe Deutschlands. Geplant wurde der Friedhof von dem jungen Stadtbaurat Friedrich Schultz, der ein Jahr zuvor seinen Dienst bei der Stadt Bielefeld angetreten hatte. Ihm gelang ein Gesamtkunstwerk aus Gebäuden und gärtnerischer Anlage, ein schönes Beispiel für den Jugendstil in Bielefeld. Für den Giebel der von ihm entworfenen Friedhofskapelle schuf der an der Werkkunstschule tätige Bildhauer Perathoner (Schöpfer des Leineweberdenkmals) ein Relief „Allsieger Tod“, das eine nackte Männergestalt zwischen zwei ebenfalls unbekleideten Frauen zeigt. Um dieses Relief entbrannten damals in der Bielefelder Bevölkerung heftige Diskussionen. Am 12. August 1912 wurde der Sennefriedhof seiner Bestimmung übergeben, er kann also 1987 wie der Botanische Garten auf sein 75jähriges Bestehen zurückblicken.

Hauptkapelle des Sennefriedhofs
von Friedrich Schultz mit Relief von Perathoner

Bethel – das Haus Gottes

Ein Ortsteil von Bielefeld ist in aller Welt bekannt: Bethel mit den Von Bodelschwinghschen Anstalten. Eingebettet in ein Tal des Osning, haben sich diese Anstalten in kurzer Zeit zu einer kompletten Ortschaft entwickelt, die Kranken und Behinderten eine Zuflucht und Heilstätte und Heimatlosen eine Heimat bietet. 1867 wurde hier von Bielefelder Bürgern ein Heim für Epileptiker gegründet, das Haus Ebenezer, das im Oktober desselben Jahres die ersten Knaben aufnahm. 1872 wurde Pastor Friedrich von Bodelschwingh dessen Leitung übertragen, und in nahezu 45 Jahren hat er Bethel zu dem gemacht, was es heute ist.

Bereits 1870 war der Grundstein für ein weiteres Heim gelegt worden, das am 12. September 1873 eingeweiht werden konnte, das heutige Haus „Groß-Bethel". Der erste Hausvater, der schwäbische Lehrer Johannes Unsöld, zitierte in einer Hausandacht über die Jakobsgeschichte in 1. Mose 35 den Vers 3: „Lasset uns auf sein und gen Bethel ziehen." Friedrich von Bodelschwingh war von diesem Namen begeistert und wollte ihn sogleich der ganzen Anstalt geben, da ihm der bisherige Name „Westfälisch-Rheinische Anstalt für Epileptische" nicht gefiel. Nach einigen bürokratischen Querelen kam es dann im November 1873 zu dem neuen Namen „Haus Gottes", der alles umschreibt, was aus dieser Anstalt in 120 Jahren geworden ist.

Die Lebensgeschichte Friedrich von Bodelschwinghs ist ungemein beeindruckend. Die Familie entstammt dem westfälischen

Das Haus Ebenezer nahm 1867 die ersten anfallskranken Knaben auf.

Uradel und ist bis 1320 zurückzuverfolgen. Als Friedrich Christian Carl von Bodelschwingh am 6. März 1831 auf Haus Mark bei Tecklenburg als sechster Sohn Ernst von Bodelschwinghs geboren wurde, war sein Vater dort noch Landrat. Kurz darauf wurde er jedoch nach Köln und noch im gleichen Jahr als Regierungspräsident nach Trier versetzt. Drei Jahre später wurde der Vater Oberpräsident der Rheinprovinz in Koblenz und 1842 bis zur Märzrevolution 1848 Finanzminister und Innenminister in Berlin.

So war schon Friedrichs Kindheit recht bewegt. Er lernte Turnen, Fechten, Reiten und Jagen. In seiner Berliner Schulzeit war der spätere Kaiser Friedrich sein Freund. Als sein Vater im März 1848 als Minister zurücktrat, endete die Berliner Zeit. In Dortmund machte Friedrich 1849 sein Abitur. Sein Berufsweg war noch völlig unklar. In seiner Familie gab es bisher nur Gutsherren, Droste, Soldaten und Staatsmänner. So wandte er sich erst einmal dem Bergfach und der Philosophie zu, dann zog es ihn zur Landwirtschaft. Und hier beginnt er bereits, seine Berufung zu erkennen. Auf einem Gut im Oderbruch lernte er die Landwirtschaft von der Pike auf. Schon während seiner Berliner Gymnasialzeit hatte ihn einer seiner Lehrer mit auf Armenbesuche genommen, die den jungen Mann tief erschüttert hatten. So lag ihm das Geschick der Landbevölkerung sehr am Herzen. Als er bereits Gutsverwalter war, schrieb er an seinen Vater: „… ich kümmere mich auf das genaueste um die Familienverhältnisse der Leute. Fast täglich bin ich in allen Stätten des größten Elends herumgekrochen und habe in vielen Familien förmlich den Haushalt geführt …“ Er hörte auch von der Not in anderen Teilen der Welt, und das führte ihn zu der Erkenntnis, daß er Theologie studieren möchte, um in den Missionsdienst zu gehen. So studierte er von 1854 bis 1858 in Basel Theologie. Danach führte ihn sein Weg jedoch nicht nach Afrika oder Indien, sondern in ein Armenviertel nach Paris, wo deutsche evangelische Auswanderer ein elendes Leben fristeten. Meist waren es Pfälzer oder Hessen. Oft endete ihr Weg als Lumpensammler oder Straßenfeger. Bodelschwingh gelang es, aus dem Nichts heraus ein kleines Gemeinwesen für 3000 Seelen mit Kirche, Schule und Wohnhäusern zu schaffen. Er selbst lebte mehr als bescheiden. Zuerst bewohnte er mit seiner jungen Frau, Tochter seines Onkels, des Finanzministers Karl von Bodelschwingh, zwei Zimmer am Montmartre, die auch als Schul- und Versammlungsraum dienten. Seinen Schwiegervater hatte er vorher informiert, welch schweren Weg er gehen wollte. Der Minister willigte in die Heirat ein und ließ ihn wissen, daß er seine Tochter lieber einem armen Gassenkehrerpastor als einem vornehmen Gesandtschaftsprediger geben wolle. Später gelang es von Bodelschwingh, auf einem Hügel Land zu pachten und dort eine kleine Gemeinde aufzubauen. Als aber sein erster Sohn Ernst geboren wurde und seine Frau erkrankte, entschloß er sich, doch nach Deutschland zurückzukehren und in Dellwig (Kr. Unna) eine Pfarrstelle anzunehmen. Hier erfuhr die junge Familie unendliches Leid. Im Januar 1869 starben ihre vier Kinder an Keuchhusten und Lungenentzündung. Friedrich von Bodelschwingh war damals 38 Jahre alt. Das Schicksal hatte diesen Mann, der für andere ein wahrer Hirte war, auf das Grausamste geprüft. Drei Jahre später, 1872, wurde ihm die Leitung der fünf Jahre vorher gegründeten „Westfälisch-Rheinischen Anstalt für Epileptische" bei Bielefeld übertragen.

Alles, was er in seinem 40jährigen Leben gelernt hatte, seine Kenntnisse der Landwirtschaft, des Großstadtelends, der Seelsorge, sein Organisationstalent und sein Herz für notleidende Menschen, setzte er nun für Bethel ein und machte es zu einer der größten freien Wohlfahrtseinrichtungen der Welt. Sofort ging er daran, ein neues Diakonissenmutterhaus zu bauen, das Haus Sarepta. Dazu kam 1877 die Diakonenanstalt Nazareth. Er gründete die Arbeiterkolonie Wilhelmsdorf zur Rehabilitation Nichtseßhafter und Eckardtsheim, das seinen Namen einem Stifter verdankt, der von Bodelschwinghs Werk finanziell unterstützte. Auch außerhalb des Bielefelder Raumes wurden Heimstätten gegründet, so Freistatt im niedersächsischen Wietingsmoor und Hoffnungs- und Lobethal im Osten von Berlin. Auch der Missionsarbeit konnte er sich nun zuwenden, z. B. in Ostafrika. 1905 wurde die Theologische Hochschule in Bethel gegründet.

Friedrich von Bodelschwingh wurden in Bethel noch einmal vier Kinder geboren, drei Söhne und eine Tochter. Sein Sohn Friedrich, 1877 geboren, zum Unterschied zu seinem Vater „Pastor Fritz" genannt, führte das Werk nach dem Tode des Vaters weiter. Er nahm sich besonders des Schulwesens an. 1919 wurde die Heimvolkshochschule Lindenhof gegründet, 1925 die Aufbauschule für Knaben, 1926 die Sarepta-Schule, ein Lyzeum für Mädchen. Im Dritten Reich hielt Pastor Fritz von Bodelschwingh seine Hand schützend über die Bethelschen Anstalten. Ihm ist es zu danken, daß den Kranken in dieser bösen

Zeit nichts geschah. Pastor Fritz von Bodelschwingh starb am 4. Januar 1946 in Bethel.

Heute verfügt Bethel nicht nur über Pflegeheime, Schulen und Ausbildungsstätten für Schwestern und Diakone, sondern auch über medizinische Kliniken und ein Institut zur Erforschung der Epilepsie, dieser schweren Erkrankung, die am Anfang der Entwicklung von Bethel stand. So feierte die Anfallsklinik Mara I im Juli 1987 ihr 25jähriges Bestehen. Im modernen Epilepsiezentrum wird die erste deutsche Abteilung für chirurgische Behandlung dieser Erkrankung ihren Dienst aufnehmen. Höhepunkt des Festaktes war die erstmalige Verleihung des Promotionspreises für die beste deutsche Doktorarbeit auf dem Gebiet der Epilepsie an Dr. Danner aus Tübingen für die beste klinische Arbeit und an Dr. Preisendörfer aus Köln für die beste experimentelle Arbeit. Am Festakt nahmen Epilepsie-Spezialisten aus dem In- und Ausland teil, ein Zeichen dafür, daß Bethel inzwischen auf diesem Gebiet eine führende Rolle einnimmt.

Quirkendorp

Als ich 1950 nach Bielefeld kam, hieß es, Brackwede sei das „größte Dorf Europas". Damals hatte es bereits ca. 21 500 Einwohner. 1956 wurden der Gemeinde die Stadtrechte verliehen. Als 1973 der Landkreis Bielefeld aufgelöst wurde, verlor Brackwede seine Selbständigkeit und kam zu Bielefeld.

Auch Brackwede ist älter als Bielefeld. Bereits 1151 wird es erstmals urkundlich erwähnt, doch bis ins 19. Jahrhundert hinein blieb der Ort eine bescheidene Bauernschaft mit knapp 1000 Einwohnern, deren Häuser sich um die Kirche drängten, nachts bewacht von einem Nachtwächter, um dessen Bezahlung noch vor hundert Jahren gestritten wurde. Ab 1850 beginnt dann die Verwandlung von „Quirkendorp", wie die Brackweder ihr Dörfchen liebevoll nannten.

Am Osningpaß, rings um den Lönkert, treten Brackwedes Bodenschätze zutage: Kalk, Ton und Sand. So begannen Mitte des vorigen Jahrhunderts Kalkbrenner hier mit dem Abbau des Kalks bis hinauf zur „Fahnenspitze". Das Gestein wurde gleich an Ort und Stelle gebrannt und hauptsächlich zu Industriekalk verarbeitet. Ab 1882 stellte die neugegründete Firma Teitge & Stockmeyer auf dem jetzigen Thyssen-Gelände aus den Kalk- und Mergelvorkommen Portlandzement her. Seit 1858 arbeitete in dieser Gegend auch eine Ziegelei, die Bausteine, Dachziegel, Gehsteigplatten und Drainageröhren erzeugte. Allen diesen Unternehmen kam zugute, daß es seit

Brackweder Hauptstraße mit der Bartolomäuskirche vor dem Brand vom 21. Februar 1990

1847 die Cöln-Mindener Eisenbahn gab, auf der die Güter transportiert werden konnten.

Die Glasmacherhäuser am Anfang der Brackweder Hauptstraße zeugen von dem dritten Gewerbezweig, der am Lönkert 1871 entstand, der Glashütte Teutoburg, die bis 1930 in Betrieb war. Sie nutzte den Sand, den man gleich vom Werksgelände nehmen konnte, zur Herstellung grüner Flaschen für Bier und Mineralwasser. Mineralwasser war bisher in Tonkrügen verschickt worden. Für feines weißes Glas eignete sich der Sand vom Lönkert allerdings nicht, dafür mußte Quarzsand aus dem lippischen Dörentrup „importiert" werden.

Andere Industriebetriebe siedelten sich an. Bereits 1849 war an der Lutter eine Bleiche gegründet worden, bis 1865 kamen eine Spinnerei und eine Maschinenfabrik hinzu. Durch alle diese Unternehmen fanden viele Menschen im Senner Raum Arbeit, und es begann eine rege Bautätigkeit.

Als man noch mit der Kutsche reiste, kamen auch viele prominente Reisende durch Brackwede, wenn sie den Osningpaß überqueren mußten. So ist eine Anekdote von Friedrich dem Großen überliefert, der auch einmal (Ende des 18. Jahrhunderts) in Brackwede Station machte. Bei der Kirche stieg er aus der Kutsche und befahl den neugierigen Bauernburschen, für die der Besuch des Königs natürlich ein besonderes Ereignis war, ja achtzugeben, daß sein Affe, der noch im Wagen säße, nicht herausspringe. In der Kutsche aber saß Voltaire, und als dieser auch aussteigen wollte, fletschten die Bauernburschen die Zähne, fuchtelten mit den Armen, schrien und versuchten, ihn in die Kutsche zurückzutreiben. Voltaires Allongeperücke und seine markante Physiognomie ließen sie wohl glauben, daß er wirklich des Königs Affe sei. So ist es verständlich, daß Voltaire fortan auf die Westfalen nicht mehr gut zu sprechen war.

Ein Höhepunkt in Brackwedes Kalender ist der Schweinemarkt, möglicherweise das älteste Volksfest in Bielefeld. Er findet Ende August statt und war früher ein großer Viehmarkt, der traditionsgemäß am letzten Montag im August abgehalten wurde. Daran erinnert heute nur noch die Ferkelverlosung, die am Montag des Volksfestes vorgenommen wird.

Ich kenne Brackwede noch als ruhiges Vorstädtchen, wo Mittwoch nachmittag die Läden geschlossen waren. Heute ist die Hauptstraße ein beliebtes Einkaufszentrum, und die Diskussionen und Maßnahmen zur „Verkehrsberuhigung“ nehmen kein Ende. Besonders beim zweiten großen Brackweder Volksfest, den „Glückstaler-Tagen“ im Oktober, wird es manchmal sehr eng in Brackwede, und ganz Bielefeld scheint sich hier zu treffen.

Lebendiges Brauchtum

In den ländlichen Stadtbezirken ist noch viel Überliefertes lebendig, das bei Volksfesten und Vereinsfeiern zum Ausdruck kommt. Aber auch bei der Stadtbevölkerung wächst das Interesse für Althergebrachtes, vor allem für alte handwerkliche Techniken.

Im Bauernhausmuseum auf der Ochsenheide finden das ganze Jahr über Veranstaltungen statt, die altes bäuerliches Handwerk vorführen und vom Spinnen, Herstellen von Holzschuhen, Brotbacken bis zur Märchenstunde am Kamin reichen.

Bereits 1907 reifte in Bielefeld der Plan, ein Bauernhausmuseum einzurichten, in dem bäuerliches Inventar ausgestellt werden konnte, für die damalige Zeit eine Revolution im Museumswesen. 1915 konnte man ein niederdeutsches Zweiständer-Hallenhaus von 1606 erwerben, das einem Bauern in Ummeln im Wege war. Die Aufstellung auf der Ochsenheide und Restaurierung dauerte bis 1917. Mitten im Ersten Weltkrieg fand die feierliche Eröffnung statt. Später sind eine Windmühle, ein Kornspeicher und eine Bokemühle (Flachsbrechmühle) hinzugekommen. Die jüngsten Erwerbungen (1983) sind das Backhaus und ein altes Bienenhaus.

Ein volkstümlicher Brauch ganz anderer Art ist in Bielefeld und Umgebung noch sehr lebendig, das „Martin-Luther-Singen“ am 10. November. Wenn es dämmert, ziehen die Kinder von Haus zu Haus und singen:

Maatin Loother, Maatin singen wir,
wir treten herfür, für Reichermanns Tür,
wer uns was chibt un nicht verchisst,
der kricht eine choldene Krone.
Die Krone, die reicht sso weit, sso weit,
bis über die chanze Christenheit.
Chuten Abend, chuten Abend,
an diesem heilijen Abend,
lat uns nich sso lange stöhn,
we will noch 'n bittken wider chohn
von hier bis nach Rollen,
Rollen iss ne chrote Stadt,
die chift uns alle Lüe wat.
Kliff, klaff, Rosenblatt,
schööne Jungfrau chib uns wat.
Chib uns einen Apjpel,
de licht bei euch in Schappel,
chib uns eine Nuß,
denn chehn wer wieder nach Hus.

Allerdings habe ich dieses Lied noch niemals ganz gehört, meist kommen die Kinder nur bis „chanze Christenheit". Danach singen sie noch: „Ein feste Buhurch is unser Chott …" Wenn niemand die Tür öffnet, hört man auch mal einen Schmähvers: „Häng up den Köttel …"

Früher kaufte man vorher beim Bäcker eine Art Lebkuchen, der aussah wie ein Kopfsteinpflaster und von dem man einzelne Pflastersteine abbrechen konnte. Heute sind bei den Kindern andere Süßigkeiten gefragt.

Das Martin-Luther-Singen erinnert an den Geburtstag von Martin Luther am 10. November 1483 in Eisleben. Der Tag des heiligen Martin von Tours, der vor den Stadttoren von Amiens seinen Mantel mit einem Bettler teilte, ist der 11. November. Das wird oft durcheinandergebracht. Am Martin-Luther-Singen beteiligen sich in der toleranten Stadt Bielefeld die Kinder aller Konfessionen. So fällt auch niemandem auf, daß die Kinder, die für Martin Luther singen, noch bis nach Köln wollen, wo man am nächsten Tag das Fest des heiligen Martin feiert! Seit einigen Jahren bemühen sich die Kirchen, die „Bettelei" abzuschaffen, und organisieren Laternenumzüge für die Kleinen. Das ist sehr hübsch, aber ich finde, einmal im Jahr sollte man den Kindern auch den Spaß gönnen, singend von Tür zu Tür zu ziehen und sich ein paar Süßigkeiten schenken zu lassen.

Kulinarisches

Zu Bielefeld fällt Fremden meist das Backpulver ein, das der Apotheker Dr. August Oetker als erster in Tütchen füllte, womit er den Grundstein für ein Industrieimperium der Lebensmittelbranche legte. Oetker-Pudding war früher allen Kindern ein Begriff.

Doch wie ist es um die ravensbergischen Spezialitäten bestellt, für die man sich als Zugereister interessiert? Ich mußte erst einmal den Begriff „Mittag" lernen. Damit ist nicht etwa die Tageszeit gemeint, die natürlich auch, aber in diesem Falle handelt es sich um den westfälischen Eintopf, der früher vor allem im „Henkelmann" mit zur Arbeit genommen wurde. „Mittag" kann eine Kartoffelsuppe sein, „Blindhuhn" (Eintopf aus Kartoffeln, grünen Bohnen und Mohrrüben), Erbsensuppe, Linsensuppe oder „Fitzebohnen".

Und dann ist da der Pickert. Darüber ließe sich ein Kochbuch schreiben, so viele Variationen sind gebräuchlich. Seine Grundsubstanz besteht aus geriebenen rohen Kartoffeln, die je nach Rezept mit Mehl, Ei, Hefe, evtl. Rosinen zu einem Teig verarbeitet werden, den man in einer Kastenform bäckt, den man aber auch in unterschiedlicher Dicke in der Pfanne braten kann – „Lappenpickert". Der „Kastenpickert" wird nach dem Backen in Scheiben geschnitten und noch einmal in der Pfanne aufgebacken. Dazu ißt man Apfelmus oder Rübenkraut (Sirup) oder anderes.

Der Pickert soll übrigens im Siebenjährigen Krieg erfunden

Wallfahrtsort für Pickertfreunde, der „kahle Krug" in Theesen

worden sein. Die französischen Soldaten seien so versessen auf Kuchen gewesen, daß die Hausfrauen den Teig mit Kartoffeln verlängern mußten, um den Bedarf zu befriedigen.

Ein Pickertrezept aus einer alten Tageszeitung möchte ich hier einmal in Bielefelder Messingsch zitieren:

„Holt euch sson henniges Pfund Kachtoffeln aussen Keller und reibtse innen Kump. Dazu zwei Pfund Mehl mit zwei Päcksken Trockenhefe – früher nahm man ehest (= frische Hefe) – die müßter vorher sschön mitten bißken Milch und 'n Löffelken Zucker anwärmen. In das Reibsel tuter dann zwei Eier, 'n lüttkes Händken Ssalz und dazu das Mehl mitten bißken Milch, dann derbe rühren. Das Töppken mitten ehest kömmter auch noch bei. Und dann müßter ssolange rühren, bis alles sschön wackelt. Das Chanze kommt inne schöne butterige Form, un die stellter warm, bis der Pickat chet. Der darf keinen Zuch kriejen, ssonst wirder da nix von, ün ihr habten Leberdicht {Wasserstreifen) un den Spektakel midde Challe. Wenn der Pickat die riehtije Höchte hat, müßtern fix abbacken, wie 'n Weißbrot. Vorsicht, wenn er fähtig is, ssonst fällter zusammen. Und dann krichter euch den Pickat bein Kopp und schneideten inne Pfanne. Sschön braun werden lassen, am besten mit Rüböl – un sseht mal zu: mit chute Butter, Rübenkraut und Leberwuost schmeckter am besten!"

Nach dem Zweiten Weltkrieg spielte der Wurstebrei für unsere Ernährung eine wichtige Rolle, eine Grütze, die beim Schlachten mit Innereien und Fleischresten zubereitet wird und die man zu Kartoffeln essen kann. Natürlich gibt es ihn auch heute noch.

Möpkenbrot ist eine weitere Spezialität. Frisches Schweineblut, Fleischbrühe und Gewürze werden mit Roggenmehl angedickt, bis eine feste Masse entsteht, aus der man Klöße formen kann. Diese werden in Wasser gargekocht. Nach dem Erkalten wird das Möpkenbrot in Scheiben geschnitten und in der Pfanne gebraten, nachdem man es mit in Milch verquirlten Eiern übergossen hat. Zu „Himmel und Erde“ (Kartoffelbrei und Apfelmus), aber auch auf westfälischem Pumpernickel schmeckt das sehr gut.

„Dicke Bohnen“ (große grüne Puffbohnen) zu Schweinebauch sowie Grünkohl, in dem eine Kohlwurst mitgekocht wird, sind weitere deftige Genüsse.

Dabei ist mir allerdings eine Eigenheit vor allem der jungen Bielefelder aufgefallen: Sie stehen den einheimischen Spezialitäten jetzt eher ablehnend gegenüber. Das liegt sicherlich auch an dem hohen Kalorienwert, den diese Gerichte haben. Aber nach dem Zweiten Weltkrieg ist wohl auch ein Geschmackswandel eingetreten. Die Tendenz geht mehr zur ausländischen Küche. Da trifft es sich gut, daß viele ländliche Gasthöfe heute von italienischen, türkischen oder gar asiatischen Familien bewirtschaftet werden, mag man es auch sehr bedauern, wenn sich keine deutschen Pächter mehr für diese Lokale finden. Doch einige der alten Wirtschaften sich noch „in westfälischer Hand“, wo es die deftigen Spezialitäten gibt, dazu das „Heimatwasser“ aus dem nahen Steinhagen.

Gruselgeschichten

Die Galgenheide war einst der Richtplatz von Bielefeld. Da gibt es eine Sage vom „Wirt von Bielefeld", der hier sein unrühmliches Ende nahm:

Bei einem Gastwirt waren einst vier Soldaten einquartiert. Nachts waren sie aber meist unterwegs und kamen erst im Morgengrauen in den Gasthof zurück. Der Wirt merkte bald, daß es Diebe waren. Er traute sich aber nicht, sie anzuzeigen. Im Gegenteil, er gab ihnen zu verstehen, daß er sie nicht verraten werde. Darauf boten sie ihm ein Fünftel ihrer Beute an, wenn er für sie Wache stehen wollte. Der habgierige Wirt ließ sich darauf ein unter der Bedingung, daß er selbst nichts anzufassen brauchte. „Wenn ihr mir dann etwas schenken wollt, so soll mir's recht sein."

Eines Nachts wurden sie erwischt und vor Gericht gestellt. Der Wirt bestand darauf, daß er nie etwas gestohlen habe, er sei nur aus Gefälligkeit mitgegangen. Aber die Richter verurteilten ihn ebenso zum Galgen wie seine Spießgesellen: „Mitgegangen, mitgefangen, mitgehangen!" Seitdem sagt man: „Er geht mit wie der Wirt von Bielefeld."

Beim Spinnen in den Bauernstuben wurde auch „anderes Garn gesponnen", es wurden allerhand Geschichten erzählt. So gibt es eine Spukgeschichte aus Jöllenbeck. Dort sollte einst auf dem Friedhof ein „Spinnweib" spuken. Die große Magd lachte über die Geschichte und wollte in der Nacht dreimal um die Kirche gehen, wenn die anderen für sie mitspännen. Kurz vor Mitternacht betrat sie den Kirchhof. Kaum hatte es zwölf geschlagen, da kam ihr etwas entgegen. Sie glaubte, einer der Knechte wollte sich einen Scherz mit ihr machen, schlug auf die Gestalt ein und nahm ihr die Mütze weg. Dann lief sie heim. Da rief eine unheimliche Stimme hinter ihr her: „Chif mui de Müssen wuir!“ Doch die Magd kümmerte sich nicht darum. Als sie mit der kleinen Magd schlafen gegangen war, klopfte es plötzlich ans Kammerfenster, und wieder rief die hohle Stimme. Die kleine Magd öffnete zaghaft das Fenster, da streckte sich ein langer Arm herein und gab der großen Magd einen Faustschlag vor die Brust, daß diese ohnmächtig aufs Bett sank und ihr das Blut aus dem Munde rann. „Un dat kam, wuil dat se nich ant S-chpinnewuif loff hadde“, sagte der alte Jöllenbecker.

Der Teufel spielte in den Sagen öfter eine Rolle. So hatte ein Bielefelder einen Pakt mit Beelzebub, wonach dieser alles tun mußte, was er verlangte, dafür sollte er einst seine Seele haben. Die Jahre vergingen. Schließlich hatte der Mann nur noch zwei Tage zu leben. Da rief er den Teufel und verlangte: „Ich will in einer gläsernen Kutsche spazierenfahren. Spanne acht Pferde an!“ Augenblicklich stand die Kutsche vor seiner Tür. Der Mann stieg auf den Bock, schwang die Peitsche und trieb die Pferde über Berg und Tal. Auf den schlechten Wegen brach eines der gläsernen Räder. Im Nu war der Teufel vom Wagen und hielt die Achse. Da jagte der Mann die Pferde den Sparrenberg hinauf und fuhr so dicht an der Mauer entlang, daß der Teufel in Bedrängnis geriet. Er schrie: „Halt an, ich kann die Achse nicht mehr halten!“ Doch der Mann rief: „Wenn du nicht festhältst, sind wir geschiedene Leute.“ Er fuhr so nahe an die Burgmauer, daß er den Teufel einklemmte. Der mußte die Achse loslassen, und sogleich zersprang die gläserne Kutsche in tausend Stücke. Die acht Rappen aber verwandelten sich in Mäuse. Der Teufel fluchte entsetzlich, doch den Mann mußte er in Frieden lassen.

Wandern in Bielefeld

Wo gibt es das sonst? Eine Großstadt mit einer Fläche von 259 Quadratkilometern bietet in ihren Grenzen 4800 Hektar Wald, 400 Bauernhöfe und ein Wanderwegenetz von 500 Kilometern! Wenn man Bielefeld kennenlernen möchte, so sollte man sich nicht nur in den Fußgängerzonen der Innenstadt umsehen, sondern auf Entdeckungsreise gehen in der schönen Umgebung.

Der längste Bielefelder Wanderweg ist der Wappenweg, der rings um Bielefeld herumführt. Auf seinen 78 Kilometern berührt er viele Gemeinden, die in meinem Bericht bisher nicht erwähnt wurden, die zu besuchen sich aber lohnt. Man kann diesen Weg gut in Etappen zurücklegen und für An- und Abfahrten die städtischen Verkehrsmittel benutzen.

Die erste Etappe könnte in Kirchdornberg beginnen und nach Jöllenbeck führen, eine Strecke von ca. 15 Kilometern. Man kommt an schönen Höfen vorbei, über Bäche, vorbei auch am sogenannten Nagelsholz, das jahrelange Kontroversen über einen Nahverkehrsflughafen für Bielefeld auslöste. Aus Jöllenbeck stammte einst der Leineweber Heienbrock, der dem Bildhauer Perathoner Modell stand für das Leineweberdenkmal am Altstädter Kirchplatz, eines der Wahrzeichen von Bielefeld.

Die zweite Etappe führt von Jöllenbeck nach Brake, ca. zwölf Kilometer. Die Einwohner von Brake haben in den letzten Jahren viel Leid erfahren, als sich herausstellte, daß eine ganze Siedlung auf einer giftigen Müllhalde steht – die Sünden der Väter.

Dennoch ist Brake eine schöne Gemeinde. Von hier aus gibt es einen anderen reizvollen Spazierweg zu den „sieben Teichen".

Die dritte Etappe des Wappenweges führt von Brake bis Ubbedissen, ca. 14 Kilometer. Man kommt an die Milser Mühle, wo die Lutter in die Aa mündet, vorbei am „Milser Schloß", auf dem die erste gewerbliche Bleiche der Bielefelder Kaufleute eingerichtet wurde. Der Rollkrug ist das Tagesziel.

Am Rollkrug kann man die vierte Etappe beginnen, die durch den Teutoburger Wald führt bis zur Siedlung Windflöte in der Senne. Dabei kommt man über das Gut Menkhausen in das reizvolle Schopketal, vorbei an Haus Neuland, dem Fichteheim, dem Jugendheim Greten Venn. Am Menkebach erreicht man das ehemalige „Vierländereck", wo einst die Gebiete von Rietberg, Paderborn, Lippe und Ravensberg sich berührten. Man kommt am Beckhof vorbei, der zu den Bethelschen Anstalten gehört. Nach dem Zweiten Weltkrieg entstand hier eine Siedlung für heimatlose Ausländer, im Krieg zur Zwangsarbeit verpflichtet und ihrem Heimatland entrissen. Dann geht es vorbei am ehemaligen Gasthof Heideblümchen, dem ältesten im Sennebereich, und an der Anstalt Eckardtsheim, die ebenfalls zu Bethel gehört. Wenn man den Ortsteil Windflöte erreicht hat, ist man ca. 17 Kilometer gewandert.

Die fünfte Etappe ist noch etwas länger, 20 Kilometer. Von der Windflöte wendet man sich nach Westen und gelangt an die „echte" Lutter, die zur Ems fließt. Man geht über den Hof Meyer zu Ummeln, vorbei an einer Justizvollzugsanstalt, bis zur Carl-Severing-Straße in Quelle. Von hier aus ist es noch ein gutes Stück hinauf zum Sennberg (282 Meter) und zum

Wirtshaus „Peter aufm Berge". Auf dem Palsterkamper Weg, der gleichzeitig der „Hermannsweg" ist, vorbei an der Schwedenschanze und dem Wirtshaus „Schwedenfrieden", über den Petersberg (266 Meter) und den Gottesberg (263 Meter) geht es hinunter nach Kirchdornberg, womit der Kreis des Wappenweges sich schließt.

Mitten durch die Stadt, auf dem Kamm des Teutoburger Waldes, verläuft der Hermannsweg, der eine Gesamtlänge von ca. 156 Kilometern hat und von Rheine im Nordwesten bis zur Velmerstot im Südosten führt. Allein im Bielefelder Stadtgebiet ist dieser Wanderweg 22 Kilometer lang. Beginnt man wieder in Kirchdornberg, so führt dieser Weg über das Wirtshaus Schwedenfrieden, vorbei an der Schwedenschanze, zum Wirtshaus Peter aufm Berge. Dann kommt man zum Fernsehturm und dem Stumpf seines Vorgängers von 1952. Hier stand einst der „Drei-Kaiser-Turm" von 1894, auf der „Hünenburg", die ihren Namen von einer germanischen Fluchtburg hat, die versteckt am rechten Berghang liegt. Über den Tierpark Olderdissen gelangt man zum Johannisberg, dem Berg der Bielefelder Schützengesellschaft.

Wo einst das schöne Schützenhaus stand, ist jetzt ein Novotel. Nun muß man den Berg hinunter, durch den Bielefelder Paß hinauf zur Sparrenburg. Von hier führt der Hermannsweg über die Promenade zum Waldhotel Brand's Busch, zur Habichtshöhe (Emmermanns Hotel), dann auf den Hauptkamm des Teutoburger Waldes mit Blick in das Tal der „Sieker Schweiz". Vom Ebberg (284 Meter) sieht man auf der anderen Bergseite weit über die Sennelandschaft. Dann kommt man am Wirts-

Der „Hermannsweg" auf dem Kamm des Teutoburger Waldes

haus „Eiserner Anton“ vorbei, das seinen Namen von einem Aussichtsturm hat, der 1895 von einer Bielefelder Maschinenfabrik erbaut wurde. Auf dem Kamm gelangt man nun nach Lämershagen. Hier durchschneidet die Autobahn den Höhenzug. Hinter der Brücke liegt das Wirtshaus Deppe. Von hier kann man geradeaus dem Wanderweg folgen oder rechts hinter dem Wirtshaus auf einem Waldweg mit schönen Windungen weitergehen, der zum Markengrund führt. Direkt vor dem Markengrund liegen auf einem Bergrücken („Auf dem Polle“ oder „Hünensaut“) die Reste der Wallanlage „Lewenburg“, einer alten Grenzfestung aus dem Jahr 1177, die der Edle Bernhard von der Lippe, ein Anhänger Heinrichs des Löwen, errichtet haben soll. Vom Markengrund kommt man dann auf dem Hermannsweg zur Bielefelder Stadtgrenze beim Wirtshaus Schopketal.

Hier enden meine Spaziergänge durch Bielefeld. Sie haben mir viel Freude gemacht. Vieles wurde nicht beschrieben: historische Bauwerke, Kunstwerke und Bielefelder Künstler, die Schätze in den Museen, das umfangreiche Kulturprogramm, Sportstätten und Unterhaltung. Die Leser mögen selbst auf Entdeckungsreise gehen.

Denn Bielefeld ist nicht nur die Industrie- und Handelsstadt, die Universitäts- und Schulstadt, Bielefeld ist einfach liebenswert.

Der „Eiserne Anton" am Hermannsweg

Literatur

Albers, J., Baden und Bäder,
Neuer Westfälischer Bilderbogen,
Zeitungsverlag Neue Westfälische, Bielefeld 1978.

Bielefelder Sagenschatz, gesammelt und illustriert von der Quinta B des Helmholtz-Gymnasiums Bielefeld, 1981.

Brackwede, Stadt im Wandel,
Hrsg.: Stadt Brackwede,
Länderdienst Verlag Berlin-West, 1969.

Burkamp, G., Die Burg Sparrenberg,
Neuer Westfälischer Bilderbogen,
Zeitungsverlag Neue Westfälische, Bielefeld, 1978.

Engel, G., Aus 60 Jahren. Mancherlei,
Westfalen-Verlag Bielefeld, 1985.

Glauert-Hesse, B., Vater Bodelschwinghs Erbe: Aus der Geschichte des Hauses, Bote von Bethel Nr. 157, 1987.

Grämlich, B., Friedrich von Bodelschwingh, Werk und Leben,
J. R. Steinkopf Verlag, Stuttgart.

Gromann, M., Da fällt man ssich ja über!
Zeitungsverlag Neue Westfälische, Bielefeld, 1979.

Heimatbuch Senne I in Vergangenheit und Gegenwart.

Laar, Herbert, Geschichtlicher Rückblick beim 125jährigen Bestehen von Windelsbleiche, Privatdruck, 1957.

Prins, D., Das Leinengewerbe (1) und (2)

Neuer Westfälischer Bilderbogen,
Zeitungsverlag Neue Westfälische, Bielefeld, 1978.

Richter, A., Götz von Berlichingen,
Neuer Westfälischer Bilderbogen,
Zeitungsverlag Neue Westfälische, Bielefeld, 1978.

Röhs, K.-W., Der Gute Ort. Die jüdischen Friedhöfe in Bielefeld, Hrsg.: Garten-, Forst- u. Friedhofsamt der Stadt Bielefeld, 1987.

Uhlenbruch, B., „Unteroffizier Peter Michajlov“ reist durch Ostwestfalen, in: Der Minden-Ravensberger 1985,
Deutscher Heimat-Verlag Ernst und Werner Gieseking, Bielefeld-Bethel.

Vogelsang, R., Geschichte der Stadt Bielefeld, Band I,
Verlag Wolfgang Winkel, Bielefeld, 1980.

Waßer, E., Der Hauptmann von Köpenick in Bielefeld,
in: Der Minden-Ravensberger 1977,
Deutscher Heimat-Verlag Ernst und Werner Gieseking, Bielefeld-Bethel.

Witte, D., Das Bielefelder Bauernhausmuseum,
in: Der Minden-Ravensberger 1977,
Deutscher Heimat-Verlag Ernst und Werner Gieseking, Bielefeld-Bethel